청소년을 위한
두 글자 인문학

청소년을 위한 두 글자 인문학

초판 1쇄 2023년 12월 4일
초판 2쇄 2024년 4월 12일
지은이 김경윤, 노대원, 박병기, 박상익, 안광복, 양해림, 유강하, 편상범, 홍세화
편집기획 북지육림 | **본문디자인** 히읗 | **종이** 다올페이퍼 | **인쇄제본** 명지북프린팅
펴낸곳 지노 | **펴낸이** 도진호, 조소진 | **출판신고** 2018년 4월 4일
주소 경기도 고양시 일산서구 강선로 49, 911호
전화 070-4156-7770 | **팩스** 031-629-6577 | **이메일** jinopress@gmail.com

ⓒ 김경윤, 노대원, 박병기, 박상익, 안광복, 양해림, 유강하, 편상범, 홍세화, 2023
ISBN 979-11-90282-95-6 (43300)

1318 인생학교 앤솔러지 시리즈 01

청소년을 위한 두 글자 인문학

생각의 가지를 틔운다! 일상의 즐거움이 열린다!

김경윤 | 노대원 | 박병기 | 박상익 | 안광복

양해림 | 유강하 | 편상범 | 홍세화

'1318 인생학교 앤솔러지'
시리즈를 시작하며

우리는 왜 공부를 할까요? 또 우리가 사는 이유는 무엇일까요? 아마도 대부분의 사람은 행복하기 위해서 공부를 하고, 삶의 최종 목적지는 행복이라고 말할 것입니다. 도대체 행복이란 무엇이고, 그 조건은 무엇일까요? 또 행복은 승리자만 누릴 수 있는 것일까요? 사회적 지위가 높고, 돈이 많으면 무조건 행복하게 살아갈 수 있을까요? 행복(幸福)의 사전적 의미는 복된 좋은 운수나 생활에서 충분한 만족과 기쁨을 느끼어 흐뭇하거나 그러한 상태라고 합니다. 세계적으로 유명한 진화생물학자인 데즈먼드 모리스(Desmond Morris)는 『행복의 본질(The Nature of Happiness)』(2004)에서 행복의 조건은 매우 다양하다고 말합니다. 누군가는 목표를 달성했을 때 행복감을 느끼고, 다른 이는 경쟁에서 승리했을 때 가장 큰 만족감을 얻는다고 합니다. 그 밖에도 사람은 협동이나 성적 욕망, 대뇌, 유전, 위험, 고통, 선택, 정적, 믿음, 약물복용, 공상, 희극, 우연 등 저마다 행복을 느끼는 내용이 다르다고 합니다. 많은 사람이 행복을 마치 100미터 달리기의 골인 지점처럼 생각하기도 합니다. 하지만 행복은 살아가면서 자신도 모르는 사이 찾아오는 일시적인 상태이자 과정일 수 있습니다. 어쩌면 그래서 행복이 늘 그리운 것인지도 모르겠습니다. 행복에 집착하거나 강박을 갖는 것도 오히려 초조함이나 버트런드 러셀(Bertrand Russel)이 말한 바이런식 불행(Byronic Unhappiness)의 원인으로 작용하기도 하지요. 불행의 구체적인 원인이 없는데도 행복하지 않다고 생각하거나 자신이 불행한 이유를 제대로 알지 못하면서 막연하게 불안감을 느끼는 것입니다. 만일 누군가가 행복한 삶을 살고 싶다면, 이때 중요한 것은 행복의 원천이나 방식은 사람마다 다르다는 것을 인식하고, 과연 내 삶에서 가장 소중한 것은 무엇인지를 긴 호흡으로 스스로 알아가는 공부를 하는 일일 것입니다.

흔히 꿈을 이루면 행복한 삶을 살 수 있다고 말합니다. 그래서 꿈이 뭐냐고 자주 묻곤 하지요. 하지만 꿈을 꾸는 시간은 사람마다 다를 수 있습니다. 어떤 사람은 아버지로서, 어머니로서, 또는 아들이나 딸로서 꿈을 꾸기도 합니다. 관계 속의 역할에 매몰

되는 것이지요. 하지만 이럴 경우 자기 자신의 중심을 잃기 십상이고, 이는 오히려 불행의 원천이 될 수도 있지 않을까요? 아서 밀러(Arthur Miller)의 『세일즈맨의 죽음(Death of a Salesman)』(1949)을 읽다 보면, 고개가 절로 끄덕여집니다. 이 작품 속의 주인공 윌리 로우맨이라는 사람은 가장이자 아버지로서의 역할에 너무 집중해서 살다가 결국 비극적인 죽음을 선택하게 됩니다. 이 작품은 산업화와 물질주의가 만연한 현대문명 속에서 마치 소모품처럼 쓰이다가 버려지고 마는 소시민의 아픈 삶을 그려내고 있습니다. 하지만 한편으로는 주인공이 아버지로서의 삶에 너무 천착한 나머지 자신의 꿈은 잃어버린 채 상실감에 빠져 고통을 받습니다. 이는 어쩌면 우리의 현실이자 미래일 수도 있겠다는 생각을 하게 됩니다. 우리가 관계나 역할의 중요성을 무시할 수는 없겠으나, 사람은 자기 자신의 꿈을 꾸고, 독립적 주체로 자기 삶을 꾸려갈 때, 행복한 삶을 살아갈 수 있다는 것을 말해주는 것 같습니다.

'1318 인생학교 앤솔러지' 시리즈는 청소년들이 자신에게 가장 소중한 것이 무엇이고, 자기 자신의 꿈을 꾸는 것이 소중하며, 행복한 삶이란 그것을 통해 경험할 수 있는 인생의 과정이라는 것을 스스로 알아갈 수 있도록 돕기 위해 기획되었습니다. 다 알다시피, 앎은 삶을 변화시키는 데 도움을 줍니다. 그래서 무언가를 '안다'는 것은 중요합니다. 하지만 그 앎이 단순한 지적 유희나

뽐내기 위한 교양 쌓기에 그쳐서는 곤란합니다. 만일 누군가가 자신의 삶을 변화시키고 싶다면, 앎을 도구나 수단으로만 소비하고 어느새 잊어버리는 부박한 공부와는 거리를 두어야 합니다. 이 시리즈에 참여한 저자들이 한결같이 '하기(Doing)'를 강조하는 이유일 것입니다. 유명한 누군가의 말이나 글을 금과옥조(金科玉條)로 삼기보다는 그것을 자기 성찰의 기회로 삼는 자세도 중요합니다. 앎은 자신의 삶과 하나로 통합될 때 그 빛을 발할 수 있기 때문입니다. 나는 누구인지, 내가 사는 이유는 무엇인지, 그리고 내가 속한 사회는 어떤 곳인지를 삶 속에서 배우고 익히고, 그것을 실천으로 옮기는 노력이 소중한 까닭입니다.

로마시대의 시민교육을 위한 리버럴 아츠(liberal arts, 자유교양)는 문법, 논리학, 수사학, 변증론 외에 산수와 기하, 천문, 음악 등을 통합적으로 배울 때 비로소 인간이 자유로워질 수 있다는 것을 알려줍니다. 요즘 말로 하면, 인간과 관련한 모든 것을 융합적으로 공부하는 것이 좋은 삶을 만들어가기 위한 최선의 방법이라는 것이겠지요. 융합이란 경계 지점에서 경계 너머를 지향하는 것이니만큼 다양한 경험들을 하는 것이 중요합니다. 다양한 경험들 속에서 '왜'라는 질문을 스스로 던지고 답을 찾으면서 세상의 온갖 것들을 '어떻게' 연결할까를 고민하다 보면, 어느새 우리는 눈이 밝아지고 인간과 세계를 이해하는 폭과 깊이가 이전과는 사뭇 달라진 것을 느끼게 될 것입니다. 아울러 진로가 단순한 진학이나 직업을 넘어 삶의 문제라면, 융합적인 공부야말로 미래의 행복한 삶을 위한 더없이 좋은 공부가 아닐까요? '1318 인생학교 앤솔러지' 시리즈를 1권 인문사회, 2권 과학기술, 3권 진로탐색 등으로 구성한 이유입니다. 이 시리즈는 청소년들이 인문정신의 바탕 위에서 자신의 생각을 바로잡고 사회 속에서 자기 삶을 스스로 다시 써갈 수 있는 지적(知的) 경험을 하고, 과학-인문학의 경계 지점에서 인간과 세계를 폭넓게 살피면서 시야를 넓히고 이해의 깊이를 더하며, 여러 전문가의 삶 이야기들을 통해 자신의 미래를 어디로 향하게 하고 어떻게 만들어갈 것인지를 숙고하도록 도울 것입니다.

인간 삶의 가장 기본적이고 소중한 것들은 짓는다고 표현합니다. 즉 옷을 짓고, 밥을 짓고, 집을 짓다고 합니다. '1318 인생학교 앤솔러지' 시리즈가 이 땅의 청소년들이 다른 삶-좋은 삶을 지어가는 든든한 출발점이 되기를 소망해봅니다. 그 출발점에 기꺼이 함께 서주신 저자들과 따뜻한 응원의 손길을 내어주신 지노 출판사 관계자들께 진심으로 고마운 마음을 전합니다.

김호연
한양대 교수

| 차례 |

제1장

생각

글쓴이_ **홍세화**

무역회사원, 난민, 택시기사, 언론인 생활을 거쳐 지금은 은퇴한 산책자의 일상을 보내고 있으며, 세상에서 가장 가난한 은행장(?) 명함을 자랑스럽게 휴대하고 있다. 지은 책으로 『나는 빠리의 택시운전사』 『생각의 좌표』 『결 : 거칢에 대하여』 『거꾸로 생각해봐!』(공저), 『능력주의와 불평등』(공저) 등이 있다.

나는
생각하는 사람인가

음식과 생각의
정갈함

제 인생 최초의 멘토는 외할아버지였습니다. 추운 겨울에는 화롯
불을 앞에 놓고 이런 얘기 저런 얘기를 들려주셨는데, 초등학교
에 입학한 뒤로는 교훈이 되는 말씀도 많이 해주셨어요. 프랑스
의 교육 금언 중에 "사람은 어렸을 때 형성된다"는 말이 있는데,
이 말에 따르면 외할아버지는 내 인생 최초의 멘토였을 뿐만 아
니라 가장 크게 영향을 끼친 멘토였습니다. 제 기억에 남아 있는
말씀 중에는 다음과 같은 것도 있습니다.

　"사람은 살아가면서 두 가지를 받아들인다. 하나는 입으로

음식을 받아들이고, 다른 하나는 머릿속에 생각을 받아들인다. 둘 다 정갈한 것들을 받아들이도록 노력하렴."

몸이 받아들이는 음식도 정갈해야 하고 정신이 받아들이는 생각도 정갈해야 한다는 말씀이었지요. 커가면서 배가 무척 고픈데 바쁠 때에도 맥도날드 같은 패스트푸드 가게 앞에서 멈칫하고 물러서곤 했어요. 외할아버지의 말씀이 다가왔기 때문이지요. 그런데 정갈한 음식을 받아들이라는 가르침을 따르는 건 쉬운 편이었어요. 정갈한 생각을 받아들이라는 가르침에 비하면요. 우선 '정갈하다'는 말의 뜻이 '깨끗하다'에 가까우니 '정갈한 음식'이라는 말은 금세 이해되었지만, '정갈한 생각'이라는 말은 그 정확한 뜻을 가늠하기가 쉽지 않았어요. 제 나름대로 '정갈한 생각= 올바른 생각'으로 등치시키기로 했습니다. 소크라테스는 아테네 청년들에게 "올바르고 훌륭하고 아름다운 사람"이 되라고 했습니다. 그런 사람이 되려면 우선 올바른 생각을 가져야겠지요. 그래서 질문을 던지곤 했습니다. '나는 올바른 생각을 내 것으로 받아들였을까?' '혹시 잘못된 생각을 갖고 있는데 그 생각을 고집하고 주장하고 있는 건 아닐까?'라고 말입니다.

나는 생각한다
그러므로 나는 존재한다

"나는 생각한다. 그러므로 나는 존재한다(Cogito, ergo sum)."

17세기 프랑스 철학자 데카르트의 말을 모르는 이가 거의 없듯이, 사람이 '생각하는 동물'임을 모르는 이는 없습니다. 여기서 제가 아주 중요한 질문 하나를 던지겠습니다. 우리 각자는 지금 갖고 있는 생각들을 어떻게 갖게 되었는지 물어볼 만큼 '생각하는 사람'으로 살아가고 있을까요? 내가 지금 갖고 있는 생각들은 내가 태어났을 때엔 분명 없었습니다. 사람은 생각하는 동물이지만 생각을 갖고 태어나지 않습니다. 태어났을 때 '생각의 주머니'를 갖고 나온다고 말할 수 있겠지요. 처음에 그 주머니는 비어 있었습니다. 우리는 가정, 학교, 이웃 등 사회와 만나고 그 안에서 함께 살아가면서 생각 주머니를 채우고 그렇게 채운 '생각하는 바'에 따라 살아갑니다. 따라서 내 삶의 지향을 결정하는 '나의 생각하는 바'들, 곧 '나의 의식세계'가 어떻게 형성되었는지 묻는 것은 생각하는 사람의 출발점이며 조건입니다. 다음과 같은 분석적 사유는 아주 높은 인식 능력을 요구하지 않습니다.

– 사람은 생각하는 동물이지만 생각을 갖고 태어나지 않는다.

– 내 삶의 방향을 정하는 것은 지금 내가 갖고 있는 내 생각이다. 내 생각에는 세계관, 인생관, 가치관이 담겨 있기 때문이다.

– 그렇다면 "내 생각은 어떻게 내 생각이 되었을까?", "나는 어떤 생각을 갖고 있으며, 그 생각들은 어떤 경로로 내가 갖게 되었을까?"라고 물어야 '생각하는 사람'이다.

– 나는 지금까지 이 질문을 던지면서 살아왔을까?

'생각한다'는 것은 무엇인가요? 사전적 풀이는 "사물을 헤아리고 판단하거나 앞으로 일어날 일에 대하여 상상해보거나 어떤 일에 대한 의견이나 느낌을 가지는 것"입니다. "나는 생각한다. 그러므로 나는 존재한다"는 명제로 중세인(하나님의 창조물이었습니다)과 구별되는 근대인을 규정한 데카르트에게 "생각한다는 것"은 "의문을 품거나, 동의하고, 인지하며, 긍정하거나 부정하며, 바라거나 바라지 않으며, 상상하며 느끼는 것"입니다(데카르트, 『형이상학적 명상 2』). "생각한다는 것"의 설명에서 데카르트가 "의문을 품거나"를 가장 먼저 쓴 점에 주목할 필요가 있습니다. 실제로 생각해본 사람은 압니다. 생각하면 할수록 의문이 끝없이 샘솟는다는 것을요. 또 하나의 주제에 대해 어제와 오늘 달리 생각하는 경험을 갖기도 합니다. 지금 어떤 생각을 갖고 있어도 내일

바뀔 수 있다는 경험을 하는 것이지요. 또 나는 '이렇게' 생각하는데 내 짝꿍은 '저렇게' 생각하는 것에 대한 경험도 갖게 됩니다. 그러나 우리는 객관적 사실을 숙지하는 공부를 주로 하고 있을 뿐 생각하는 시간을 거의 갖지 않습니다. 어제 생각한 것과 오늘 생각한 것이 서로 다른 경험을 갖지 못하고, 나는 '이렇게' 생각하는데 내 짝꿍은 '저렇게' 생각하는 경험도 갖지 못합니다. 이런 경험을 거의 하지 못하는 게 어떤 결과를 빚었을까요? 대부분의 사람은 지금 갖고 있는 생각들을 어떻게 갖게 되었는지에 대해 묻고 생각해보지도 않은 채 그 생각들을 고집하면서 살아갑니다.

'생각'과 '생각하다'의 차이

17세기의 네덜란드의 탁월한 철학자 스피노자는 "사람은 현존재를 고집하는 경향이 있다"고 말했습니다. 사람이 좀처럼 바뀌지 않는 건 생각의 성질이 고집이기 때문입니다. 스피노자의 말이 아니더라도 우리는 '생각의 성질이 고집'이라는 점을 알 수 있습니다. 너 나 할 것 없이 모든 사람이 자기 생각을 고집하고 있잖습니까? 이 글을 읽는 분도 마찬가지인 겁니다. 이처럼 '생각'의 성질은 고집입니다. 그래서 '생각'은 회의하도록 이끌지 않지만, '생각하는' 사람은 의문을 품을 줄 압니다. 다시 말해, '생각(명사=고집)'과 '생각하다(동사=회의하다=의문을 품다)'가 정반대의 성질을 갖는 것입니다. 이 차이를 아는 게 대단히 중요합니다. 우리는 '생각하는' 과정을 거치지 않은 채 객관적 사실을 숙지하는 공부를 주로 했습니다. 그래서 의문을 품을 줄 모르고 자신의 의식세계에 입력된 생각을 막무가내로 고집하는 경향을 가집니다. 고집의 강도(强度)가 더 센 것, 이것이 한국사회 구성원들의 일반적인 모습이라고 할 수 있습니다.

사람은 이성을 가진 동물입니다. 이성을 갖고 있다면 이성적 동물, 합리적 동물이어야 합니다. 그러나 사람은 합리적 동물이기보다 합리화하는 동물에 가깝습니다. 사람이 합리적 동물이라면 다른 사람과 만나고 사회 환경 속에서 살아가면서 자기 생각을 끊임없이 수정할 것입니다. 기존에 갖고 있던 생각과 모순되는 사물과 현상을 만나면 그 생각을 수정하는 게 합리적 동물이 보이는 모습이니까요. 그러나 그러지 않습니다.

'역지사지(易地思之)'는 동서고금을 통해 인간의 지혜는 하나로 만난다는 것을 보여주는 예입니다. 역지사지는 "상대방의 자리에서 생각하라"는 것입니다. 아메리카 인디언 수우 족은 이렇게 기도했다고 합니다. "오, 위대한 영(靈)이여. 내가 상대방의 모카 신발을 신고 1마일을 걷기 전에는 상대방을 판단하지 않도록 지켜주소서"라고요. 역지사지의 중요성을 강조하고 있습니다.

19세기 영국의 자유주의 사상가 존 스튜어트 밀은 『자유론』에서 정확한 진리를 얻기 위한 방법에 대해 다음과 같이 말했습니다.

> "어떤 문제에 대해 가능한 한 정확한 진리를 얻기 위해서는 상이한 의견을 가진 모든 사람들의 생각을 들어보고, 나아가 다양한 처지에 있는 사람들의 시각에서 그 문제를 이모저모 따져보는 것이 필수적이다. 현명한 사람치고 이것 외에 다른 방법으로 지혜를 얻은 사람은 없다. 인간 지성의 본질에 비추어볼 때 다른 어떤 방법으로도 지혜를 얻을 수는 없다. 다른 사람의 생각과 자신의 생각을 비교하고 대조하면서 틀린 것은 고치고 부족한 것은 보충하는 일을 의심쩍어 하거나 주저하지 말고 오히려 이를 습관화하는 것이 우리의 판단에 대한 믿음을 튼튼하게 해주는 유일한 방법이다."

우리 사회에서 존 스튜어트 밀이 강조한 "다른 사람의 생각과 자신의 생각을 비교하고 대조하면서 틀린 것은 고치고 부족한 것은 보충하는 일"을 습관화한 사람은 거의 없습니다. 존 스튜어트 밀은 그것이 우리의 판단에 대한 믿음을 튼튼하게 해주는 유일한 방법이라고 했습니다. 하지만 그렇게 자기 생각을 수정하는 사람은 아주 드뭅니다. 생각을 수정하라고 설득해도 설득이 이루어지는 경우는 거의 없습니다. 남을 설득해본 경험이 있는 사람은 잘 알고 있습니다. 쉽게 설득되지 않는다는 것을요. 실상 우리 사회처럼 설득이 되지 않는 사회를 찾기 어려울지 모릅니다. 모든 사람이 지금 갖고 있는 생각을 고집하기 때문입니다. 고집하는 생각을 어떻게 갖게 되었는지조차 묻지 않은 채 막무가내로 고집하니까요! 사람들이 말은 많이 하지만 남의 말은 건성건성 듣는 척할 뿐 경청하지 않습니다. 우리 선현(先賢)은 사람의 입은 하나인데 귀가 둘인 이유를 경청의 중요성 때문이라고 했습니다. 그러나 우리 사회는 선현의 말을 귀담아듣지 않는 사회입니다. 귀가 둘이긴 하지만 한 귀로 듣고 다른 한 귀로 흘려보냅니다.

사람이 자기 생각을 수정하려면 자기를 부정하는 성찰과 용기가 필요합니다. 대부분은 기존에 형성된 생각을 수정하는 대신 합리화하면서 고집하는 편에 서 있습니다. 지금 생각하는 바를 지속적으로 합리화하면서 고집하므로 살아가는 모습이 변하지 않습니다. 남들이 자기 생각을 고집하고 살아가는 모습이 변하지 않는다면 나 또한 내 생각을 고집하고 살아가는 모습이 변하지 않는다는 것을 뜻합니다. 그렇다면 더욱 물어야 할 것입니다. "내가 지금 갖고 있으며, 지금까지처럼 계속 고집할 것이므로 앞으로도 바뀔 가능성이 없는 내 생각은 어떻게 내 것이 되었을까?"라고요.

독일의 철학자 칸트는 우리는 "생각하는 바에 관해 자유로운 존재가 아니"라고 했습니다. 요컨대, 내가 갖고 태어나지 않은, 지금 '내가 생각하는 바'들이 어떤 것들이고 어떤 경로로 내 안에 들어왔는지 물어야 한다는 것입니다. 이 물음 없이 지금 갖고 있는 생각을 고집하며 살아간다면 내 삶을 그르칠 위험이 큽니다. 이 물음 없이 살아간다면 생각하는 사람이라고 할 수도 없습니다.

몸과 생각의
차이

우리 몸은 건강하지 않을 때 통증을 느끼거나 열이 오르는 등 자각증세를 보입니다. 사실 이 자각증세는 은총과 같습니다. 만약 건강하지 않은데 자각증세가 없으면 건강하지 않은 상태를 그대로 놔두게 되고 몸의 건강을 그르치게 됩니다. 암이 고질병인 이유는 죽음에 이르게 하는 치명적인 병인데도 자각증세가 너무 늦게 찾아온다는 점에 있습니다.

우리가 몸이 아파 병원을 찾을 때 의사 선생님이 우리에게 묻는 첫마디는 "어디가 아픈가요?"입니다. 이어서 "언제부터, 어떻게 아픈가요?"가 뒤따릅니다. 대부분 질병의 경우 몸 자체가 자각 증세를 보여 건강하지 않다는 사실을 스스로 알게 해주지만 생각은 그렇지 않습니다. 너무 늦어서 탈이지만 그래도 종내는 자각 증세를 보이는 암과도 달라서, 그릇된 생각, 나를 삶의 주인이 아닌 노예로 만드는 생각, 그래서 내 삶을 그르칠 수 있는 생각도 그 것을 버리게 하지 않고 그것을 고집하게 합니다. 생각의 성질이 그처럼 완고한 것입니다. 그러므로 거듭 물어야 합니다. "지금 내가 생각하는 바의 세계, 즉 의식세계는 어떤 내용들이고 어떤 경로로 내 것이 되었을까?"라고. 이 질문은, 다시 강조하건대, 생각하는 사람의 조건이며 자기성찰의 출발점입니다. 이 질문을 던지지 않은 채 살아왔다면 '생각하는 사람'으로 살아오지 않았다는 뜻입니다. 이 질문을 놓고 내 안에 들어오는 '음식물'과 '생각'의 차이를 살펴봅시다.

내 몸의 주인은 나 자신입니다. 과거 봉건사회의 노예나 종은 자기 몸의 주인이 아니었지만 지금은 모든 사람이 자기 몸의 주인입니다. 내 허락을 받지 않고는 아무도 내 몸을 범접할 수 없습니다. 내가 내 몸의 주인이므로 건강을 유지하려고 입 안에 넣는 음식을 선택하는 사람은 나 자신입니다. 나 말고는 내가 어렸을 때의 부모님뿐입니다. 내가 어렸을 때 나를 낳고 길러주신 부모님이 내 입 안에 넣을 음식을 선택했을 뿐, 나 말고는 아무도 내 허락 없이 내 입 안에 음식물을 넣을 수 없습니다.

부모님은 내 몸에 좋거나 좋다고 판단되는 것만 내 입 안에 넣고 나쁘거나 나쁘다고 판단되는 것은 넣지 않았습니다. 나 또한 내 몸에 좋거나 좋다고 판단되는 음식물만 내 입 안에 넣습니다. 내 입 안에 넣는 음식물을 선택하는 사람은 나와 내가 어렸을 때 부모님 말고는 없습니다. 우리는 음식물을 선택할 때, 미각, 후각, 시각의 도움을 받습니다. 음식물을 잘못 선택하여 입에 넣은 경우에도 상한 음식임을 알아차릴 수 있어서 뱉어내는 기능도 있습니다. 그러나 생각은 전혀 다릅니다. 내가 자라는 동안 내 허락을 받지 않은 채 내 안에 꾸역꾸역 들어왔습니다. 지금도 들어오고 있습니다. 나에게 다가오는 생각들이 내 삶을 위해 좋은 것인지 나쁜 것인지, 내 삶의 주인이 되도록 하는 생각인지, 노예로 만드는 생각인지 판단할 수 없는 동안에도 내 안에 스며 들어옵니다. 내 안에 음식물을 넣은 주체는 나와 나를 위하는 부모뿐이지만, 나에게 생각을 집어넣은 주체는 나와 내 부모만이 아닙니다. 나와 내 부모, 교사, 이웃뿐만 아니라 나와 내 부모, 교사, 이웃이 포함된, 또 이들 모두 그 영향에서 자유로울 수 없는 '사회'라는 것입니다. 사회가 우리에게 갖도록 요구하는 생각들, 이 사회에서 강조되고 이 사회를 관통하는 생각들, 주장과 이념들은 이 사회를 지배하는 사람들의 것일 가능성이 높습니다.

　따라서 내 안에 생각을 집어넣는 실제 주체인 사회를 비판적으로 바라보는 안목을 갖춰 나가면서 기존에 형성된 생각을 끊임없이 수정하여 나의 주체성을 확장하지 않으면 진정한 자유인이 될 수 없습니다. 우리가 놓치면 안 되는 것은 지배세력의 관점이나 이념은 곧잘 객관적 진리로 포장된다는 점입니다. "객관성이라는 것은 대부분 지배세력의 주관성이다"라는 말을 되새겨본다면, 내가 고집하는 내 생각은, 내가 주체적으로 형성한 것이 아닐 때, 지배세력이 나에게 갖도록 요구한 것일 가능성이 높습니다. 국가권력이 장악한 제도교육과 자본의 논리가 관철되는 매스미디어에 대한 비판적 성찰이 요구되는 까닭이 여기에 있으며, 사회를 비판적으로 바라볼 줄 아는 눈이 필요한 까닭이 여기에 있습니다. 인간을 이해하는 눈, 사회를 비판적으로 바라보는 안목은 일방적 주입의 범위를 벗어나게 해주는 폭넓은 독서와 토론수업, 현장수업 없이는 갖기 어렵습니다. 실제로, 기존체제, 기존질서에 대한 '자발적 복종의식화'는 한국의 학교에서 광범위하게 일어났으며 지금도 지속되고 있습니다.

　그러므로 "내 생각은 어떻게 내 생각이 되었나?"라는 질문을 부단히 던져야 합니다. 그런 다음 중요한 질문이 또 있습니다. "나는 나로서 가져 마땅한 생각을 갖고 있나?"라는 질문입니다.

즉 '내가 갖고 있는 생각'에 대한 물음 다음에 '내가 가져 마땅한 생각'에 대해 질문을 던져야 한다는 것입니다. 내가 응당 갖고 있어야 하는데 갖고 있지 못한 생각에 대한 성찰은 내가 갖고 있는 생각에 대한 성찰보다 더 어렵습니다.

예를 들어보겠습니다. 우리는 모두 한국사회가 자본주의사회라는 것을 알고 있습니다. 그렇다면 초중고 시절에 두루 있는 사회 과목에서 가장 중요하게 공부해야 할 내용으로 빠져선 안 되는 게 자본주의에 관한 공부입니다. 그러나 실제에 있어서 이에 대한 공부는 아주 소홀합니다. 우리는 질문을 던질 줄 알아야 합니다. 우리는 왜 사회 과목을 공부할까요? 우리는 모두 사회적 동물이므로 사회를 비판적으로 인식해야 합니다. 그래야 사회 안에서 주인으로 살아갈 수 있습니다. 우리가 '자본주의사회'에 살고 있다면 '사회' 과목에서 가장 중요하게 공부해야 할 게 '자본주의'라는 점은 당연한 논리적 귀결입니다. 그런데 사회 과목 시간에 무얼 배울까요? 자본주의의 역사, 노동운동의 역사를 배우나요? 자본주의사회에 살고 있는 구성원으로서 이런 주제들에 관해 무슨 생각을 갖고 있나요? 가령 오늘 주5일 근무를 기준으로 하루 8시간 일하기까지 자본주의 아래 노동자들은 하루에 몇 시간 동안 일해왔고 어떤 과정을 밟고 겪었는지 우리는 각자의 '생각이 세계' 안에 갖고 있나요? 나중에 대부분이 노동자가 될 저지에 있는 학생들의 의식세계 속에 '기업하기 좋은 나라', '국가경쟁력'이 중요하게 자리 잡고 있을까요, 아니면 '노동의 가치', '노동계급'이 중요하게 자리 잡고 있을까요? 이런 물음을 던질 줄 알아야 합니다. 심각한 일은 대부분 나중에 노동자가 될 학생들임에도 노동자가 되리라는 생각 자체가 없다는 것입니다.

글쓰기와 토론의 중요성

"독서는 사람을 풍요롭게 하고 글쓰기는 사람을 정교하게 한다"는 말이 있습니다. 독서와 글쓰기를 강조한 말입니다. 우리 학교는 이 둘을 거의 하지 않습니다. 다른 나라의 교실에서 학년이 올라가면서 인간과 사회에 관한 더욱 정교하고 풍요로운 내용의 독서와 글쓰기, 토론이 이루어질 때, 한국의 교실에서는 학년이 올라가도 계속 객관적 사실을 숙지하고 있는지만 묻습니다. 간단하고 쉬운 질문에서 복잡하고 어려운 질문이 된다는 차이가 있을 뿐 학생들에게 생각하고 논리를 갖추도록 요구하지 않는다는 점에서는 고학년이 되어도 달라지지 않습니다. 심하게 표현하면 우리 학교는 학생들을 '생각하는 주체'로 바라보지 않고 '암기하는 기계',

'숙지하는 로봇'으로 바라본다고 할 수 있습니다. 사람은 생각하는 동물인데 말입니다!

여기서 글쓰기/토론이 왜 중요한지 살펴보겠습니다. 글은 누가 쓰나요? 각자 내가 씁니다. 또 토론은 누가 하나요? 각자 내가 합니다. 글쓰기와 토론에는 '나'가 있습니다. 그런데 객관적 사실에 대한 숙지는 어떤가요? '모든 학생'에게 똑같은 내용을 숙지시키는 과정에 내가 있을까요? 없습니다. '나'라는 존재가 없는 것입니다. 이렇게 '나'라는 존재가 없는 채로 인간과 사회에 관한 학문이 가능할까요? 내가 없는 인간에 대한 공부, 사회에 대한 공부가 가능할까요?

'나'에는 남자도 있고 여자도 있고, 성소수자도 있고, 이주노동자의 자식도 있고, 가난한 사람, 부유한 사람, 농촌 사람, 도시 사람, 섬사람도 있습니다. 이런 다양한 '나'가 각자 자신의 정체성과 계급성을 토대로 인간과 사회에 관한 물음에 자신의 생각과 논리를 가져야 하고 견해를 피력해야 하는데, '나'가 없다면 그것은 인문사회과학을 공부한다고 말할 수 없는 것입니다. 그래도 누군가 그것도 인문사회과학이라고 주장한다면 그것은 전체주의사회에서나 가능한 일입니다. 이렇게 '나'가 없는 인문사회과학은 학생들에게서 흥미를 끌지도 못합니다. 학생 각자 '나'의 삶과 관련 없는 인문사회과학, 그것을 주야장천 숙지하라고 하니 어떻게 흥미를 느낄 수 있나요? 외웠다가도 금세 잊어버리는데 말입니다!

글쓰기와 토론은 인간과 사회에 관한 물음에 대해 학생들 각자가 '나'의 생각을 논리에 바탕을 두고 피력하는 과정입니다. 학생 각자가 자기 생각을 펴려면 글쓰기나 말하기(토론)를 해야 합니다. 이 두 가지 이외에 다른 길은 없습니다. 우리 학교와 교실에서 학생들이 글쓰기와 말하기를 거의 하지 않습니다. 인문사회과학이 죽은 것입니다. 인간과 사회에 관한 학문인 인문사회과학, 즉 역사, 지리, 사회, 정치, 경제, 도덕과 언어 과목의 공부를 잘한다는 것은 그만큼 인간을 이해하고 세상을 보는 눈을 뜬다는 의미여야 하지만, 한국에서 그 교과목의 공부를 잘한다는 의미는 시험을 본 뒤 잊어버린다는 것이고, 공부를 못 한다는 것은 시험 보기 전에 잊어버리는 것을 뜻합니다.

심각한 문제는 또 있습니다. 생각하지 않는다면 의식세계가 비어 있는 편이 차라리 나은데, 생각하지 않았는데도 의식세계는 충만합니다. 주입된 것이 많기 때문입니다. 고집할 게 많다는 뜻입니다. 그 생각들은 내가 주체적으로 형성한 게 아닙니다. 그런데도 내가 갖고 있기 때문에 막무가내로 고집합니다. 한국에서 사회상층을 차지한 지배세력은 인간을 이해하고 사회를 보는 눈뜨기에 있어서 올바른 생각, 풍요로우면서도 정교한 생각을 검증받아서 그 자리에 오른 게 아닙니다. 오로지 숙지와 문제풀이를 잘해 그 자리에 오른 것입니다. 인간과 사회에 관해 질문을 던질 줄 모르고 오직 객관적 사실에 대한 숙지에 뛰어나다는 점은 그들이 기존체제나 기존질서를 지키는 가치관을 가질 가능성이 높다는 것을 뜻합니다.

다음은 프랑스 고교 3년생이 2021년 6월에 치른 대학입학자격고사(바칼로레아)의 철학 문제입니다.

제1주제: 논쟁은 폭력을 포기하는 것인가?

제2주제: 무의식은 모든 형태의 앎에서 벗어나는가?

제3주제: 우리는 미래에 대해 책임이 있는가?

제4주제: 에밀 뒤르켐의 『사회적 노동의 분할』(1893) 중에서 '윤리'에 관한 글 읽고 설명하기

4개의 주제 중에서 하나를 선택하여 4시간 동안 논술하게 되어 있습니다. 학생들은 대개 7~8페이지를 작성합니다. 이 글을 읽는 학생은 어떤가요? 우리는 스스로에게 질문을 던져야 합니다. 청소년 시절을 온통 저당잡힌 채 세계에서 가장 오랫동안 공부하는 우리 학생들의 자화상이 보이나요? 왜 이렇게 되었을까요? 공자님의 말씀을 기록한 논어에 "학이불사즉망(學而不思則罔)"이라는 구절이 있습니다. "배우기만 하고 생각하지 않으면 얻는

게 없다"는 뜻입니다. 배우기만 하고 생각하지 않으면 얻는 게 없다! 그렇습니다! '배움'과 '생각하기'는 어우러져야 합니다. '배움'은 모두 함께 같은 내용(이론, 용어, 연대, 인명 등)을 숙지하는 것일 때, '생각하기'는 각자 '나'가 따로 하는 것입니다. 공자님의 가르침은 다시금 '배움만 있고 생각하기가 없는' 우리 교육이 '나' 없는 전체주의 교육임을 일깨워줍니다. 우리는 곧잘 우리 학생들에게 자기 생각이 없다고 말하곤 합니다. 진실은 우리 교육이 우리 학생 각자에게 자기 생각을 갖도록 이끌지 않는다는 것입니다.

생각하는 주체가
되자

다시 "내 생각은 어떻게 내 것이 되었을까?"라는 질문으로 돌아갑시다. 앞에서 말한 바와 같이 생각하는 동물인 나는 지금 갖고 있는 내 생각을 고집하며 살아갑니다. 그런데 지금 내가 갖고 있는 생각은 태어났을 때엔 없었습니다. 그렇다면 지금까지 내 삶을 지배해왔고 앞으로도 계속 내 삶을 지배할 내 생각은 어떤 경로로 내 것이 되었을까요? 내가 창조했을까요? 어림도 없습니다. 우리는 생각을 창조하는 사상가의 경지에 있지 못합니다. 그럼 내가 선택했을까요? 어떤가요? 내가 선택하여 갖고 있는 생각이 있다손 처도 그것은 내가 갖고 있는 생각의 총량 중에 얼마나 될까요? 이 질문에 대한 답을 찾기 위해 우리에게 익숙한 교육 경험에 맞게 보기를 들어보기로 하지요. 내가 지금 갖고 있는 생각은 다음 보기의 각 경로를 통해 얼마나 내 것이 되었을까 생각해봅시다. 정확하게 계량할 수 없는 거친 질문이지만, 이 질문이 자기 성찰의 계기가 될 것임은 분명합니다.

1) '폭넓은 독서'를 통해서
2) '열린 자세의 토론'을 통해서
3) '직접 견문(다양한 경험, 여행 등)'을 통해서
4) '성찰적 숙고'를 통해서

내가 나의 생각의 세계를 형성하거나 확장하고자 할 때 참조할 대상은 사람밖에 없습니다. 사람처럼 생각하는 존재는 사람밖에 없기 때문입니다. 나에게 '폭넓은 독서'란 '지금까지 살아온 사람들 중 책을 남긴 사람의 생각을 내가 주체적으로 참조하는 것'입니다. 어떤 책도 우리에게 읽을 것을 강제하지 않습니다. 모든 책은 닫힌 채 서가에 가만히 꽂혀 있을 뿐입니다. 그 책들을 내가 펼쳐 읽는 것입니다. 나에게 '열린 자세의 토론'이란 '나와 동시대를 살아가는 사람의 생각을 열린 자세로 참조하려고 주체적으로 소통하는 것'입니다. 또 나에게 '직접 견문'이란 '오감을 가진 주체로서 직접 보고 겪고 느낀다는 것'입니다. 마지막으로 '성찰적 숙고'란 폭넓은 독서와, 열린 토론, 그리고 직접 견문을 통해 만나는 뭇 생각들이 소우주와 같은 나의 의식세계 안에서 서로 다투고 비벼지고 종합되고 정리되는 과정을 뜻합니다.

이상의 네 과정을 통해 주체적으로 형성한 의식세계의 소유자는 자기 삶에 책임을 지며 아무리 팍팍한 세상이라도 당당할 수 있습니다. 자기 삶의 진정한 주인일 수 있기 때문이지요. 위의 네 경로를 통해 갖게 된 생각은 주체적인 것임에 반해, 주입식 숙지와 문제풀이로 채워진 제도교육과 매스미디어를 통해 주입된 생각은 주체적이지 않을 가능성이 높습니다. 폭넓은 독서와 열린 자세의 토론, 직접 견문과 성찰적 숙고의 과정은 내가 주어로서 주체적으로 행하는 것이지만, 제도교육과 매스미디어에서 나는 주체로 존재하지 않으며 객체이며 대상으로 존재할 뿐입니다. 제도교육과 매스미디어를 부정하거나 무시하자는 게 아닙니다. 그것들도 필요합니다. 그러나 거기서 멈추어선 안 됩니다. 나의 생각 세계 형성에 있어서 주체적 과정이 지나치게 빈약하다는 점을 비판적으로 인식해야 합니다. 무엇보다 책과 벗된 삶을 살아야만 '생각하는 주체'가 될 수 있다는 점을 강조합니다.

제2장

질문

글쓴이_ **안광복**

서울 중동고 철학교사. 소크라테스 대화법 연구로 박사학위를 받았다. 청소년과 일반인
들을 대상으로 철학의 지혜를 널리 퍼트리는 대중 철학자이기도 하다. 『철학자의 설득
법』『소크라테스의 변명, 진리를 위해 죽다』 등 제대로 생각하고 질문하는 방법에 대한
책들을 여러 권 썼다.

창의성을 틔우는
질문의 기술

문제가
문제다

일본전산은 세계 1위의 모터 제작 업체입니다. 이 회사는 사람 뽑는 방식이 독특했기로 유명합니다. "목소리 큰 사람이 합격이다", "밥 빨리 먹는 순으로 붙인다", "화장실 청소로 평가한다" 등등 선발 시험을 볼 때마다 희한한 잣대를 내세워 구설에 오르기 일쑤였습니다. 그들은 왜 이런 독특한 방식을 썼을까요?

일본전산은 1973년 교토 주변의 시골에서 네 명이 모여 출발했습니다. 들도 보도 못 한 회사에 내로라하는 인재가 찾아올 리 없었습니다. 대기업처럼 지원자의 경력 보며 실력 따졌다가는 닝

패를 볼 터였습니다. 그래서 창업자인 나가모리 시게노부(永守重信, 1947~)는 남다른 물음을 던졌습니다. "일 잘하는 자들은 어떤 특징이 있을까?"

목소리가 크면 자신감 있고 당당하다는 인상을 줍니다. 밥을 빨리 먹는 이들은 어느 일이건 손 빠르게 움직이고 건강 상태가 좋습니다. 화장실 청소를 꼼꼼하게 하는 사람은 궂은일을 피하지 않고 밑바닥까지 섬세하게 돌볼 줄 압니다. 나가모리 시게노부가 설계(?)한 입사 시험에는 이런 굳은 믿음이 담겨 있었습니다. 괴상한 평가였지만 결과는 대성공이었습니다. 2018년 현재, 일본전산의 종업원 수는 10만 명을 웃돕니다.

혁신과 창업이 세상을 이끌어가는 요즘입니다. 이제는 우리나라의 10대 부자 리스트도 물려받은 것 없이 스스로 재산을 일군 사람들이 절반 이상을 차지합니다. 성실함과 적응력만큼이나 남다른 도전과 생각이 중요한 시대입니다. 창의성이 미래를 헤쳐갈 핵심역량으로 자리 잡은 상황, 이를 키우려면 어떻게 해야 할까요?

'스타트업' 전도사인 류중일(1973~) 퓨처플레이 대표는 "문제가 문제다"라고 잘라 말합니다. 기업가에게는 시장을 찾아내는 능력이 무엇보다 중요합니다. 그래서 "무엇이 문제인가?", "사람들은, 나아가 세상은 무엇을 원하고 있는가?"라는 질문을 꾸준히 던지라고 충고합니다. 올바른 해법을 찾기 위해서는 제대로 된 물음부터 던져야 하지 않겠어요? 일본전산의 나가모리 회장은 "모든 문제에는 답이 있다"라고 힘주어 말합니다. 본질을 꿰는 남다른 물음을 던질 줄 안다면, 해결 방안 역시 독창적이고 뛰어나기 마련입니다. 그렇다면 창의적인, 좋은 물음을 던지려면 어떻게 해야 할까요?

좋은 것을
많이 보라

사람들은 좀처럼 자신에게 이로운 일을 하지 않습니다. 그냥 익숙한 짓을 거듭할 뿐입니다. 상황을 낫게 만들기는 힘들고 어렵기에 그냥 현실이 답답해도 주저앉는 쪽을 택한다는 뜻입니다. 원망과 한숨이 일상에 가득해도 좀처럼 삶이 나아지지 않는 이유입니다.

지금보다 좋아지기 위해서는, 우리를 괴롭히는 문제에서 벗어나기 위해서는, 무엇부터 해야 할까요? 무엇보다 불편한 것을 불편하다고, 부당한 것을 부당하다고 느낄 줄 알아야 합니다. 인류는 오랫동안 인종차별을 당연하게 여겼습니다. 이를 잘못되었다고 느끼고 고치려는 자들이 없었다면, 세상은 여전히 차별과 학대에 맞서지 않고 받아들이고 있을 것입니다. 안타깝게도, 세상 곳곳에는 아직도 여성에 대한 차별이 뿌리박힌 곳들이 있습니다. 그들 사회의 주된 신앙이나 풍습이 여성이 그런 대접을 받아도 된다고 이끄는 탓입니다.

문제에서 벗어나 풀기 위해서는 제대로 된 것, 올바른 것이 무엇인지를 많이 보고 느껴야 합니다. 심리학자 칼 구스타프 융 (Carl Gustav Jung, 1875~1961)의 말처럼, "모르는 것은 꿈에서도 나올 수 없"기 때문입니다.

인권을 모르는 사람은 자신에게 익숙한 차별에 손들곤 합니다. 그렇지만 자신과 다른 이들의 소중함을 보고 느끼며 깨달은 후에는 부당한 대접에 맞서게 됩니다. 촌스럽고 질 낮은 물건만 본 사람은 제대로 된 상품을 고를 때 어려움을 겪습니다. 훌륭한 눈썰미를 갖추려면 좋고 아름다운 것들을 많이 봐야 합니다. 그렇다면 우리는 일상에서 과연 제대로 된 것, 좋은 것들을 많이 접하고 있을까요?

안타깝게도 현대 디지털 문명은 자신의 틀을 부수는 정보나 지혜와 마주하기 어렵게 합니다. 예컨대, 검색엔진은 나에게 익숙한 관심거리부터 우선으로 보여주지 않던가요. SNS도 역시 주변을 나와 비슷한 생각과 취향의 사람들로 채워버리곤 합니다.

"어떤 문제든 그 문제를 만들어냈을 때와 같은 의식 수준에서는 그것을 절대 풀 수 없다." 알베르트 아인슈타인(Albert Einstein, 1879~1955)의 말입니다. 그렇다면 익숙한 일상과 생각을 뛰어넘도록 하는 훌륭한 아이디어들을 마주하는 방법은 무엇일까요?

이 물음에 독서는 좋은 해답이 됩니다. 인터넷이나 SNS는 '수동적 주의'로 우리를 이끕니다. 신기하고 재밌어서 절로 관심이 간다는 의미입니다. 반면, 독서는 '적극적 주의'가 필요한 활동입니다. 스스로 정신을 모으고 집중해야만 활자를 따라갈 수 있다는 뜻입니다. 수동적 주의는 내 삶을 바꿔주지 않습니다. 주어진 자극에 따라 내 관심이 그냥 끌려다니는 탓입니다. 반면, 능동적 주의를 펼치려면 보고 싶은 것보다 보아야 할 것에 정신을 오롯이 모아야 합니다. 그러려고 노력하는 가운데 '남다르게 생각하는' 영혼의 근육 또한 튼실해질 터입니다.

주어진 대로 받아들이며 흘러가듯 살지 않으려면, 스스로 생각하며 문제를 짚어내는 능력을 길러야 합니다. 이를 위한 훈련으로는 독서를 대신할 방법이 없습니다. 예나 지금이나 현명한 사람들이 왜 책 읽기를 거듭 강조하는지를 생각해보기 바랍니다.

'진실의 순간'이
많아져야 한다

나아가, 문제의식을 품은 독서는 나와 세상을 발전으로 이끄는 남다른 물음을 낳곤 합니다. 쓴 약보다는 달콤한 사탕이 혀를 잡아끕니다. 그런데도 우리가 헛구역질하면서도 약을 먹는 이유는 무엇일까요? 내 몸이 아프기 때문이겠지요. 병에서 나으려면 약을 삼켜야 합니다. 마찬가지로 두꺼운 냉장고 매뉴얼을 읽기는 힘듭니다. 그런데도 기계가 고장이 났을 때는 매뉴얼에 관심이 끌립니다. 심지어 몇 시간이고 해결책을 찾을 때까지 뒤적이고 있어도 지루하지 않습니다.

그렇다면 내가 보아야 할, 꼭 알아야만 하는 좋은 것들을 많이 보려면 어떻게 해야 할까요? 무엇보다 내 삶을 되도록 많이 상처를 받아 아프게 만들어야 합니다. 운동은 근육을 조금씩 상하게 합니다. 하지만 찢어진 부위가 나아지면서 힘줄은 더욱 강하고 튼실해지지요. 넓고 단단한 지혜를 갖추는 방법도 다르지 않습니다. 낯섦과 도전을 피하지 말고 계속 부딪히며 상처받아야 합니다.

단, 상처가 저절로 아물 때까지 기다려서는 안 됩니다. 다친 부위가 결국 흉터나 찢어진 근육으로 굳어질 수 있는 탓입니다.

적극적으로 치유하기 위해 노력할 때 내 마음은 한 뼘 높게 자라납니다. 아파하지만 말고 아픔을 없애버리기 위한 물음을 끊임없이 던지라는 뜻입니다.

"지금 상황을 이겨내기 위해서는 어떤 문제를 해결해야 할까?"
"문제를 푸는 데는 어떤 방법이 있을까?"
"내가 이 상황을 넘어서려면 무슨 노력을 해야 할까?"

이런 의문을 품은 채로 책에 매달려보기 바랍니다. 스페인의 투우사들 사이에는 '진실의 순간(Time Of Truth)'이라는 표현이 있습니다. 이는 달려드는 소의 목에 칼을 꽂아야 할 때를 가리키는 말입니다. 경험 많은 투우사들은 이를 몸으로 압니다. 설명만으로 이를 깨달을 방법은 없습니다. 상황을 결정적으로 바꿔줄 중요하고도 핵심적인 물음은 고민을 잠재울 '진실의 순간'과도 같습니다. 이를 찾는 감각은 단순히 책만 많이 본다고 길러지지 않습니다. 숱한 경험과 도전, 실패를 겪으며 몸에 자리 잡는 '감각'입니다. 그렇다면 진실의 순간을 일상에서 많이 경험해야 하지 않을까요? '다르게 생각하는 힘'은 결국 남다른 고민에서 나옵니다. 불편하더라도 도전하며 따져 묻는 습관을 기르는 것이 좋겠습니다.

구체적이고 본질적으로
물어라

그렇다면 '진실의 순간'을 꿰는 좋은 질문은 어떻게 던져야 할까요? 사이토 다카시(齊藤孝, 1960~)는 질문을 네 가지로 나눕니다. 먼저, '추상적이고 본질적인 물음'입니다. "정의란 무엇인가?", "진리란 무엇인가?", "고난의 의미는 무엇인가?" 등을 예로 들 수 있겠습니다. 삶이 버겁고 어려울 때는 이런 철학적인 물음이 마음에 떠오르곤 합니다. 하지만 음식을 너무 크게 썰면 씹기 어렵듯, 이런 크고 무거운 물음에 해법 찾는 데는 좀처럼 진도가 나가지 않습니다.

그래서 우리는 줄곧 '구체적이고 비본질적인 질문'으로 도망쳐버립니다. "요새 재미있는 영화 뭐야?", "요새 잘 나가는 맛집 있어?" 등의 호기심을 끄는 가벼운 물음들이 여기에 해당하겠습니다. 이런 종류의 궁금함을 푸는 데는 별달리 마음고생 할 필요가 없습니다. 게다가, 갈등이 불끈거리며 부딪힐 듯싶은 상황이라면 구체적이고 비본질적인 질문이 도움이 됩니다. 다툴 거리에서 벗어나 숨을 고르며 마음을 다스릴 시간을 벌어주기 때문입니다. 하지만 이런 소소하고 자잘한 문제에만 계속해서 매달리고 있다면 상황은 점점 안 좋아질 터입니다. 병을 고치지 않고 곪아가도록 내버려두는 셈인 탓입니다.

가끔은 '추상적이면서도 비본질적인 물음'이 우리 마음을 끌기도 합니다. "세상에 중력(重力)은 왜 있을까?", "죽음 다음에는 어떤 세상이 열릴까?", "바퀴벌레의 다리는 왜 여섯 개일까?" 같은 질문은 삶에 직접 도움을 주지는 않습니다. 그래도 지적 호기심을 불러일으켜 풍성한 교양을 갖추도록 이끕니다. 물론, 이런 물음에만 하루 종일 매달려 있다면 '괴짜'라는 주변의 평가를 피하기는 어려울 듯싶습니다.

'진실의 순간'을 꿰는 좋은 질문은 "구체적이고 본질적인 물음"입니다. 예컨대, "정의란 무엇인가?"는 추상적이고 본질적인, 제대로 된 사회가 무엇인지를 근본부터 따지는 중요한 질문입니다. 그러나 여기에 대해 요긴하고도 현실적인 답이 나오기란 무척 어렵습니다. 해법을 찾는 물음이라면 좀 더 좁고 구체적이어야 합니다. "어려운 이들에게 골고루 도움을 주면서도 세금 많이 내는 이들도 불만 없게 하는 방법은 없을까?", "잘못한 사람이 충분히 벌을 받으면서도 뉘우친 다음에는 좋은 사회인으로 거듭나게 하는 방법은 무엇일까?" 등등이 정의와 이어지는 '구체적이고 본질적인 물음'입니다.

'구체적이고 본질적인 질문'들은 인류가 언제나 매달렸던 큰 물음을 품고 있습니다. 그래서 이를 놓고 벌이진 논의의 결론 역시 더 크고 중요한 주제에 대한 혜안을 안기곤 합니다. 자디잔 물음에 대해서는 자잘한 답과 해법만 나올 뿐입니다. 문제를 최종적으로 풀어줄 만큼 울림이 큰 해법을 얻기 위해서는 '구체적이고 본질적인 물음'이 언제나 '추상적이고 본질적인 물음'과 맞닿아 있어야 합니다. 이런 질문에는 어떤 것이 있을까요?

큰 물음들에
접속하라

철학은 역사가 2500년에 이르는 가장 오래된 학문입니다. 오래가는 데는 나름의 이유가 있기 마련입니다. 철학은 인류의 마음에서 영원히 사라지지 않을 궁금증에 매달리기에 긴 세월을 이어올 수 있었습니다. 철학이 던지는 주제들은 삶의 근본 물음이기도 합니다.

"내 삶과 이 세상은 무슨 의미가 있는가?" – 형이상학
"진리란 무엇인가?" – 인식론
"선이란 무엇인가?"/ "아름다움이란 무엇인가?" – 가치론(윤리학/미학)

"제대로 된 생각과 판단은 어떻게 이루어지는가?" – 논리학

빅뱅은 무려 137억 년 전에 일어났습니다. 우주는 앞으로도 영겁의 시간을 버텨나갈 것입니다. 그러나 우리는 겨우 100년 남짓을 살다 갈 따름입니다. 우주의 눈으로 보자면 우리가 머리 터지게 고민하는 문제들이 과연 무슨 가치가 있을까요? 이렇게 철학의 큰 물음들은 세상을 보는 눈을 넓고 크게 바꾸어줍니다. 어린아이는 사탕을 빼앗겼다는 사실에 무척 억울해합니다. 어른에게는 누군가 사탕을 앗아갔다는 사실이 삶의 상처가 되는 경우가 드뭅니다. 철학은 우리의 영혼이 어린 욕망에 휘둘리지 않고 크고 높게 성장하도록 이끕니다. 프랑스의 대학시험인 바칼로레아(Baccalauréat)에도 영혼이 자라는 데 도움을 주는 큰 물음들이 가득합니다.

"스스로 느끼지 못하는 행복은 가능한가?"
"과학적으로 증명된 것만을 진리로 여겨야 하는가?"
"권리 옹호와 이익 챙기기는 같은 뜻인가?"
"신앙을 갖는다는 것은 이성을 포기한다는 의미인가?"

이런 부류의 물음을 꾸준히 따져 묻다 보면, 마음의 생각 근

육들이 튼실하게 자라나게 될 것입니다. 좋은 의사는 통증만 잡지 않고 병의 원인을 짚어내서 치료합니다. 마찬가지로 구체적인 물음을 넘어선 추상적이고 중요한 물음은 생활의 중심을 다잡고 크게 넓게 생각을 키우는 데 큰 도움이 될 터입니다. 틈나는 대로 큰 물음을 품은 철학책들을 살펴보며 씨름해보면 좋겠습니다.

에포케, 모호함을 견디는 힘 기르기

물론, 크고 깊은 물음을 붙잡고 파고들기란 버겁습니다. 좋은 질문은 마음을 불편하게 하는 탓입니다. 대답하기 힘든 문제는 그 자체로 피곤함을 안기는 탓입니다. 게다가 나와 다른 생각에 맞서려면 숱한 에너지를 쏟아넣어야 합니다. 하지만 세상의 많은 문제가 '익숙해짐'과 '편안해지고픈 마음'에서 비롯된다는 점을 잊어서는 안 됩니다. 자유인의 기본 품성은 '길들여지지 않음'이지 않던가요. 옳지 못하고 논리적으로도 어긋난 주장에 대해서는 예민하게 아파할 줄 알아야 성숙한 영혼입니다. 문제를 문제로 느끼지 못한다면 개선도, 발전도 없습니다.

심리학자 에이브러햄 매슬로(Abraham H. Maslow, 1908~1970)

에 따르면, "모호함을 견디는 능력은 인간에게 가장 고귀한 부분"입니다. 중요한 문제는 대부분 즉시 해결 가능하지 않습니다. 내가 힘든 상황을 넘지 못하는 이유는 지금 나의 생각과 대처에 문제가 있기 때문임을 놓쳐서는 안 됩니다. 이를 인정한다면, 다른 접근과 해법을 품은 의견들에도 귀 기울이게 됩니다.

물론, 나에게 쏟아지는 숱한 물음들이 돌팔매처럼 다가오는 경우도 적지 않습니다. 소중하게 믿었던 것일수록 더더욱 그러할 것입니다. 하지만 진리는 누가 옳은지 결정하기 힘든 상태에서 이어지는 모호함을 견디면서 영글어갑니다. 불편한 생각들과 자주 만나고 이야기를 나누어야 하는 이유는 여기에 있습니다. 이 과정에서 오류들 역시 드러나며 사라집니다.

에포케(epoché)는 '판단중지'를 뜻합니다. 좋은 물음일수록 마음을 불편하게 합니다. 문제의 핵심을 건드리는 탓입니다. 이에 대해 즉시 맞서고 싶은 마음을 억누르기란 쉽지 않습니다. 그러나 능력은 훈련할수록 자라나기 마련입니다. 좋은 질문에 대한 현명한 답을 찾기 위해서는 충분히 시간을 두고 생각을 재워두기 바랍니다. 이러는 가운데 마침내, 스스로 본질을 꿰뚫는 창의적이고 훌륭한 물음에 다다르게 될 터입니다.

질문도 연습해야
는다

시대를 이끄는 사람들은 품고 있는 문제의식 또한 남다릅니다. 그렇다면 나는 어떤 물음을 가슴에 품고 있을까요? 인간 두뇌는 변온동물과 같습니다. 주변 온도에 따라 체온이 바뀌는 변온동물처럼, 우리 마음은 주위 사람들의 생각에 따라 상태가 바뀌곤 합니다. 성적과 재(財)테크에 오롯이 관심이 쏠린 이들에 둘러싸여 있다면 내 머릿속도 온종일 그런 주제로 가득하기 쉽습니다. 이와 달리, 크고 본질적인 물음을 던지며 남다른 해법을 찾는 사람들 속에 있다면 어떨까요? 나 역시 진지하고 깊게 탐색하며 남다른 혜안을 길어 올리게 될 터입니다.

내가 만나는 사람들은 생활 속에만 있지 않습니다. 우리는 책과 영화, 뉴스를 통해서도 다양한 사람과 생각들을 마주합니다. 인간 두뇌는 변온동물과 같습니다. 그렇다면 나의 뇌는 어떤 분위기 속에서 움직이고 있을까요? 생각이 막히고 좀처럼 앞으로 나가지 못하는 데는 답답한 환경 탓도 있습니다. 익숙한 일상에 물음을 던지며 좋은 것들을 꾸준히 접하며 인류가 품어왔던 깊은 물음들과 접선해봅시다.

창의성이 중요한 시대입니다. 새로운 생각은 남다른 도전과 질문을 통해 열리곤 합니다. 나는 평소에 어떤 질문을 어떻게 던지고 있을까요? 질문도 꾸준히 연습하며 가다듬어야 수준이 높아집니다. 나는 매일 무엇을 묻고 있는지, 올해 내가 가슴에 품고 해결해야 할 물음은 무엇인지, 나아가 내 삶이, 우리 시대가 꼭 진지하게 탐색해야 할 최고의 질문은 무엇인지 곰곰이 따져봅시다. 모르는 것은 꿈에서도 나오지 않습니다. 내가 어떤 물음을 품고 사는지 깨닫지 못하고 있다면 해법 역시 찾을 길이 없습니다. 꾸준히 좋은 물음을 찾으며 정리해볼 일입니다.

제3장

철학

글쓴이_ **박병기**

서울대학교 윤리교육과를 졸업하고 같은 대학원에서 석사와 박사학위를 받은 후 불교
원전전문학림 삼학원에서 불교철학과 윤리를 공부했다. 중학교 도덕교사와 전주교육대
학교 교수, 한국교원대학교 대학원장, 교육부 민주시민교육자문위원장을 역임했고, 현
재 한국교원대학교 윤리교육과 교수이자 국가생명윤리심의위원회 유전자 전문위원으
로 활동하고 있다. 『딸과 함께 철학자의 길을 걷다』 『우리 시민교육의 새로운 좌표』 등의
저서와 『철학은 시가 될 수 있을까』 등의 역서가 있다.

지금, 이곳에서
철학하기

우리들의
하루

우리들의 하루는 비슷하면서도 다릅니다. 어떤 날은 길고 지루하기만 해서 시간이 참 느리게 흐른다고 느낍니다. 또 어떤 날은 특별할 것도 없는 느낌으로 다가서고 드물게는 참 보람 있고 즐거운 하루라는 생각이 들기도 합니다.

　이런 날들을 기억하는 것은 우리 뇌의 단기기억과 장기기억 장치 사이를 오가는 복잡한 과정을 거치는 일이라고 뇌과학자들은 말합니다. 유치원이나 초등학교 때를 떠올려보면, 모든 것들이 다 기억나는 것이 아니라 특별히 사건이 있는 날을 중심으로 기억이 꺼내진다는 사실을 확인하게 됩니다. 오래 갖고 싶었던 물건을 선물로 받은 날이라거나, 친구나 동생처럼 생각했던 강아지가 갑자기 죽은 날이 과거를 되돌아볼 때 기억창고 속에서 끄집어낼 수 있는 날들입니다.

오늘이라는 이 하루는 어떨까요? 아침에 겨우 일어나 밥도 먹는 둥 마는 둥 하면서 학교에 왔거나 아르바이트하는 곳으로 나와, 어제와 다를 바 없는 공부나 일을 하고 있는 자신이 머물고 있는 이 시간으로서 하루 말입니다. 이처럼 하루는 기본적으로 시간을 중심으로 구분되는 말이지만, 그 시간은 학교나 일터 같은 공간으로부터도 분리되어 있는 것이 아닙니다. 몸을 갖고 있어야 살 수 있는 우리 인간은 하루라는 시간과 함께, 내 몸을 놓일 수 있는 공간을 확보할 때라야 비로소 살 수 있습니다. 시간이나 공간 중 하나를 놓쳤다면 그는 더 이상 살아 있지 않은 시체거나 몸이 없는 귀신일 것입니다.

살아 있기 위해 반드시 필요한 공기를 쉽게 느끼지 못하다가 산소가 부족해질 때라야 비로소 그 소중함을 알아차리는 것처럼, 우리들의 하루를 이루는 이 시간과 공간 또한 잘 의식하지 못하는 소중한 것들입니다. 물론 시간과 공간만 주어진다고 잘 살수 있다는 말은 아닙니다. 한 사람에게 주어진 시간을 우리는 수명(壽命)이라고 부르고, 이 수명은 유전자에 따라 각각 다르게 주어집니다. 대체로는 아버지나 어머니 수명을 보고 자신의 수명을 예측해볼 수 있지만, 그렇게 주어진 수명대로 살 수 있을지는 나에게 달려 있을 것입니다. 그렇게 나에게 달려 있는 시간은 단순히 시계로 잴 수 있는 시간만을 의미하는 것이 아닙니다. 그 시간을 내가 어떻게 감당해내느냐에 따라 달라질 수 있는 질적인 차이가 있다는 말입니다.

공간 또한 마찬가지입니다. 어떤 집으로 이사 갔을 때를 생각해봅시다. 전에 살던 사람들이 가구를 모두 빼버려서 아무것도 없는 공간이 되어버린 집은 어쩌면 우리의 집이라고 부를 수 없을지 모릅니다. 그 빈 공간에 우리가 쓰던 가구들을 채우고 식구들이 함께 들어가 살기 시작하면서부터 비로소 '우리 집'이 되기 시작합니다. 그래서 공간과 장소를 구분해야 한다는 말이 나왔습니다. 공간은 아무것도 없는 텅 빈 곳이라면 장소는 우리들의 이야기가 담긴 곳이고, 사람답게 살기 위해서는 단순한 공간이 아닌 그 장소가 필요하다는 말입니다.

이런 생각들을 바탕으로 살아가는 데는 시계로 잴 수 있는 시간이 아닌 마음의 시간과 단순한 공간이 아닌 장소가 꼭 주어져야 한다는 생각을 해볼 수 있습니다. 그래야만 인간으로서 살고 있다는 느낌을 받을 수 있고 또 의미와 보람도 느낄 수 있을 것이기 때문입니다. 물론 우리의 하루가 단순한 시계시간과 공간으로만 주어지는 듯한 느낌을 받을 때가 더 많습니다. 오늘 아침에 깨어나서 밤에 잠들 때까지 마음으로 새기는 시간과 우리들의 이야기를 담은 정겨운 장소를 경험하기가 쉽지 않다는 말입니다. 우리의 하루는 우리가 계획하기 전에 이미 어떤 형태로 주어져서 정해진 공부나 일을 해야 하기 때문입니다. 원하지 않아도 억지로 일어나 일하러 가거나 학교로 그 '지겨운 공부'를 하러 가야 하는 것이 우리들의 일반적인 하루입니다.

이런 지루한 하루는 특히 현대사회에 들어와 대부분의 사람을 지배하기 시작했습니다. 모든 사람이 학교에 가게 된 것은 대체로 19세기 이후의 일입니다. 그전에는 공부할 수 있는 소수의 사람들이 정해져 있었고, 훨씬 더 많은 사람은 학교에 갈 자격을 얻지 못한 채 일터로 보내졌습니다. 우리 역사 속에서는 20세기 이후에야 모든 시민이 의무적으로 교육을 받아야 하는 시민사회가 등장했고, 21세기가 된 지금은 그 의무교육의 범위가 고등학교를 넘어서서 거의 대학으로까지 확장된 느낌을 받습니다. 이런 의무교육의 확대는 한편으로 모든 사람이 교육받을 기회를 갖게 된 것을 의미하지만, 다른 한편으로는 가고 싶지 않아도 오랜 시간 학교에 다녀야 한다는 부담으로 다가오기도 합니다.

그렇게 꽤 오랜 시간 통용되던 학교의 역할에 대한 기대가 상당 부분 무너지면서 이제는 다시 '학교가 무엇을 하는 곳인가'를 물어야 할 때가 되었습니다. 이 물음은 우리 사회 모든 구성원이 함께 붙들어야 하는 것이지만, 그 학교에 다니고 있거나 학교로부터 벗어나 있는 사람들에게 더 시급한 물음이 되었습니다. 이 물음에 대해 고민하지 않으면서 하루하루를 건디는 일이 결코 쉽지 않은 일이기 때문입니다. 물론 이 물음에 대한 한 가지 정답은 없습니다. 각자의 상황에 맞는 각자의 답이 있을 수 있을 뿐입니다.

학교는 무엇을 하는 곳일까?

공부는 모르는 것을 알고자 하고 생각해보지 못한 것들을 생각해보는 과정입니다. 모르는 것을 배우고자 하는 욕구는 우리에게 주어져 있는 기본적인 욕구 중 하나입니다. 우리는 배가 고프면 먹고자 하고, 추우면 옷을 걸치고자 하며 잠이 오면 편안히 잘 수 있는 곳을 찾아 집으로 돌아옵니다. 이런 자연스런 욕구에 더해서 모르는 것이 있으면 알고 싶은 욕구를 느낍니다. 바로 그 욕구에 충실하는 과정이 공부인 셈입니다. 이 욕구는 전에는 생각해보지 못한 것들을 새롭게 생각하는 과정을 통해서도 충족됩니다.

이런 공부는 살아 움직이는 모든 과정에서 이루어질 수 있고 또 이루어지고 있기도 합니다. 공부를 위해서 특정한 건물을 가진 학교가 꼭 필요한 것은 아니라는 말입니다. 그럼 어떻게 해서 지금과 같은 학교가 이렇게 전 세계에 널리 퍼지게 된 것일까요? 우리 전통 속에서 학교의 역사는 오래되었습니다. 삼국시대에 이미 '태학(太學)' 같은 이름을 가진 학교들이 등장하고, 조선시대에 이르면 서당과 향교, 서원 같은 학교들이 전국에 설치되었습니다. 그러나 이런 학교에 들어갈 수 있는 사람들은 정해져 있었고, 그 기준은 주로 양반 같은 신분에 속하느냐에 달려 있었습니다. 아마도 과거시험을 통해 공무원들을 뽑기 시작하면서 그 과거시험을 준비하기 위해서는 어느 곳에 모여 함께 공부하는 것이 더 효율적이었기 때문에 학교가 전국적으로 확대된 듯합니다. 거기에 조선이 양반층을 중심으로 하는 신분제사회로 정착하면서 그 사회를 이끌어갈 수 있는 능력을 갖춘 지도자가 필요해지자 주로 성리학이라는 학문을 체계적으로 배울 수 있는 학교가 필요해졌을 것입니다.

오늘날의 학교는 이런 전통적인 학교와는 많이 다릅니다. 우선 신분이 없어졌기 때문에 누구나 학교에 갈 수 있고 또 가야만 합니다. 우리 사회가 시민이 이끌어가는 시민사회가 되면서, 바로 그 주인공인 시민은 학교교육을 통해 시민으로서 기본 자질과 역량을 갖춰야 하기 때문입니다. 그렇다면 현재 우리에게 학교는 '시민으로 살아가는 데 필요한 것들을 가르치는 곳'이라고 말할 수 있습니다. 시민으로 살아가는 데 필요한 것들에는 읽고 쓰고 셈하는 기초 능력과 다른 사람들과 함께 살아가기 위해 필요한 존중과 배려 등의 기본자세, 정치지도자를 자신의 힘으로 뽑을 수 있고 또 스스로 정치인으로 살아가는 데 필요한 능력 같은 것들을 꼽아볼 수 있습니다. 우리 학교가 이런 역할들을 잘해내고 있는지에 대해서는 비판적 평가가 필요하지만, 이런 역할을 해내야 한다는 기대를 모으고 있다는 사실 자체를 부인할 수는 없습니다.

그럼 이런 기대를 갖고 우리에게 다가온 학교는 그 역할을 얼마나 잘해내고 있을까요? 이 물음과 가장 가까운 곳에 있는 우리는 오히려 그 가까운 거리감 때문에 객관적인 답을 찾는 데 어려움을 겪을 수도 있습니다. 우리 눈이 너무 가깝거나 먼 것을 잘 보지 못하는 것에 비유할 수 있지만, 그렇다고 해서 우리의 느낌과 평가를 떠나 이 물음에 대한 답을 찾는 것이 바람직한 일일 수는 없습니다. 지금까지 학교를 둘러싼 많은 이야기들이 바로 그 학교의 주인공인 우리의 생각과 느낌을 제대로 담지 못하는 공허함을 감추지 못하고 있는 결과도 어쩌면 당연한 것인지 모릅니다.

아침에 학교에 오면 무엇부터 시작하는가를 생각해봅시다. 가까운 친구에게 싱거운 안부를 묻거나 하루 시간표를 떠올리면서 수업시간에 필요한 깃들을 챙깁니다. 아니면 그저 졸음을 건

디지 못하고 오자마자 바로 책상에 엎드리는 일부터 시작할 수도 있습니다. 그렇게 시작된 일과는 과목별 수업으로 이어지다가 마지막 담임의 종례를 끝으로 마감되고, 집으로 오거나 학원으로 달려가는 것으로 이어집니다. 이렇게 다람쥐 쳇바퀴 돌 듯 이어지는 학교생활은 도대체 무엇을 위한 것일까요?

이 물음은 우리가 학교를 떠나고자 하거나 이미 떠나 있는 경우에도 여전히 의미 있는 물음일 수 있습니다. 왜냐하면 자신이 왜 학교를 떠났는가를 거리를 유지하면서 생각해보는 데 도움을 받을 수 있기 때문입니다. 당연히 하나의 정답은 없다는 사실을 바탕으로 삼아 몇 가지 가능한 답을 찾아보기로 합시다. 우선 학교에 다니는 이유는 사회에 나갔을 때 필요하다는 졸업장을 따기 위해서일 수 있습니다. 요즘에는 학력이 높아져서 중고등학교 졸업장이 큰 도움이 되기는 어려울 듯도 하지만, 그래도 이른바 '정상적인 학교 졸업장'을 요구하는 시선을 온전히 무시할 수도 없기 때문에 이 답도 제외하기는 어렵고, 대학에 진학하기 위한 조건 중 하나라는 사실을 덧붙일 수 있을 것입니다.

그러나 곧바로 그런 이유라면 꼭 학교에 다니지 않아도 검정고시를 통해 졸업장을 딸 수 있고, 대학을 나와도 취업이 꼭 보장되지 않는다는 반론과 만나게 됩니다. 상당 부분 사실입니다. 그럼 다른 어떤 답을 찾을 수 있을까요? 시민사회의 주인공으로 살아가기 위해서는 대체로 두 가지가 필요합니다. 하나는 스스로의 힘으로 먹고살 수 있는 능력을 갖추는 일이고, 다른 하나는 그 능력을 갖춰서 실제로 살아가는 과정에서 꼭 필요한 더불어 사는 역량을 갖추는 일입니다. 여기서 능력이나 역량은 비슷한 말이지만, 역량이 좀 더 크고 넓은 의미로 사용됩니다. 다시 말해서 역량은 특정한 능력을 포함해서 사람으로 살아가는 데 꼭 필요한 자질과 덕, 태도 등까지 포함하는 말입니다. 학교는 시민으로 살아가고 있고 또 살아갈 우리가 이 두 가지를 갖추는 데 도움을 주는 곳이어야 합니다.

우리 학교가 그런 도움을 얼마나 주고 있는지에 대해서는 회의적인 평가가 훨씬 더 많습니다. 스스로 살아갈 수 있는 능력을 갖추게 하기보다는 시험 성적을 올리는 데 집중하고 있고, 더불어 살아갈 수 있는 역량을 갖추게 하기보다는 불필요하게 옆 친구를 경쟁자로만 보게 만드는 곳이 학교라는 평가가 압도적입니다. 그런데도 학교가 여전히 필요한 곳이라고 말하기는 어려울 듯합니다. 만약 그렇다면 어쩌면 우리는 19세기 이후에 모든 사람이 가야 할 곳으로 받아들여온 현재와 같은 학교를 포기해야 할지도 모릅니다.

이런 방향까지 열어놓고 학교와 학교 밖 상황을 바라볼 수 있을 때라야 우리 시대 학교가 지닌 의미와 역할에 대한 제대로 된 생각이 가능해집니다. 자신이 학교 안에 있다면 내부자의 시선으로 바라볼 수 있고, 학교 밖에 있다면 외부자의 시선으로 바라볼 수 있습니다. 그런데 바로 이 지점에서 우리는 최근 조금은 새로운 경험을 했습니다. '코로나19'라는 바이러스가 우리 하루의 거의 대부분을 지배한 이후 학교에 제대로 갈 수 없게 되면서, 오히려 그 학교의 역할에 대해 다시 생각해볼 수 있는 기회를 갖게 되었습니다. 그것은 바로 사람들은 혼자서 살 수 있는 존재가 아니고 서로 만나야만 하는데, 학교가 그 만남의 장소로 꼭 필요한 곳일 수 있겠다는 생각입니다. 학교에서 친구와 교사를 만나면서 더불어 살아가는 재미와 고통을 함께 맛볼 수 있고, 그 과정을 통해 '더불어 살아갈 수 있는 역량'도 갖출 수 있을 것이라는 새삼스런 기대를 하게 된 셈입니다.

물론 이런 식의 공부가 꼭 학교 안에서만 이루어지는 것은 아닙니다. 다른 만남의 장소에서도 충분히 가능한 일이고, 가능하면 다양한 형태의 만남에 참여하는 일을 권장할 만합니다. 그러나 누구나 학교에 가야 하는 이 시대에 모든 시민에게 그런 만남의 기회를 줄 수 있는 장소로서 학교는 시민교육을 위한 최소한의 기반이 될 수 있는 가능성을 지니고 있다고 말할 수 있습니다. 그 외에도 학교에 가야만 하는 이유, 또는 학교를 떠나야 하는 이유를 각자의 위치에서 깊이 있게 생각해보는 일은 자신이 서 있는 현재를 점검하고 미래를 대비할 수 있는 출발점이 되어줄 수 있습니다.

삶에서 운을 어떻게 받아들여야 할까?

'학교가 우리에게 무엇일까'라는 물음을 스스로에게 던져보는 일이 자신이 서 있는 지점을 확인하기 위해 꼭 필요하다는 말에 동의할 수 있다면, 같은 맥락에서 '지금 내게 주어진 운의 요소들을 어떻게 받아들일 수 있을까'를 생각하는 일도 중요할 수 있습니다. 왜냐하면 우리는 많은 것들을 운에 의지해서 살아가기 때문입니다. 우선 이런 외모를 갖고 태어난 것도 운입니다. 내 외모가 마음에 드는지와는 관계없이 부모의 유전자로부터 현재와 같은 외모를 물려받았기 때문에 내가 할 수 있는 일은 그리 많지 않아 답답하고 억울할 때가 있습니다.

부모님의 유전자 가운데서도 좋은 것들만을 결합하여 이어받았으면 참 좋을 텐데 대체로는 반대의 경우도 많습니다. 상대적으로 외모가 좋다는 평가를 받는 어머니와 그렇지 못한 평가를 받는 아버지의 유전자 중에서 하필이면 나는 좋지 못한 것들만을 물려받아 형제자매들 중에서도 가장 손해를 보고 있다는 생각이 들 수 있습니다. 지능도 마찬가지입니다. 아이큐(IQ)로 불리는 지적인 능력뿐만 아니라 정서적인 관계를 잘 맺을 수 있는 정서지능(EQ)과 도덕지능(MQ)에 이르기까지 많은 부분을 우리는 운으로 물려받습니다. 그렇게 보면 운은 좋은 것이나 나쁜 것 모두에 적용되는 말인 셈입니다.

다행히 우리는 물려받은 운의 요소에 온전히 지배받지는 않습니다. 그런 운과 함께 살아가면서 예측하기 어려운 사회적 운까지 감안하여 계획을 세우고 그것을 실천에 옮기다 보면 상당 부분 극복해낼 수 있는 가능성 또한 주어져 있습니다. 그러나 그 가능성이 현실로 나타나기 위해서는 먼저 운의 요소를 있는 그대로 인정하고 받아들이고자 하는 겸손의 자세가 필요한지도 모릅니다.

운 중에서도 우리가 가장 먼저 만나게 되는 것은 아마도 외모가 아닐까 싶습니다. 아침마다 거울을 통해 만나야만 하기 때문이기도 하고, 다른 사람들이 나를 바라볼 때 쉽게 드러나는 것이기 때문이기도 합니다. 이 둘이 합쳐지면서 우리는 자신의 외모에 자신감을 갖거나 열등감을 갖게 되는데, 거기에 우리를 둘러싸고 끊임없이 쏟아지는 광고 속에 포함된 외모 판단 기준에 속절없이 노출되곤 합니다. 키는 무조건 커야 하고 날씬해야 한다는 기준이 대표적인 것들입니다. 그런데 이 기준도 따지고 들어가면 확실한 것이 아닙니다. 도대체 얼마나 날씬해야 하고 또 얼마나 키가 커야 한다는 말일까요? 그나마 이런 기준들은 시대에 따라 계속 바뀌어온 것이어서 '나는 저 시대에 태어났어야 하는데'라는, 하나 마나 한 생각에 빠져들게 되는 때가 있을 정도입니다.

그럼에도 우리에게 주어지는 외모의 기준이 지니는 힘은 결코 무시할 수 있는 수준이 아닙니다. 그 애매하기도 하고 모호하기도 한 기준에 끝없이 맞추기를 강요당하는 듯한 느낌은 갈수록 심해지고, 그로 인한 열등감이나 그 뒷면을 이루는 공허한 우월감은 하루하루를 건강하게 유지하지 못하게 만들 수도 있습니다. 이런 순간에 그나마 위안이 되는 확실한 사실 하나가 있습니다. 그것은 바로 그 외모에 가장 집착하는 사람은 바로 자신이라는 사실입니다. 우리는 남에게 큰 관심을 갖지 않고 살아가고, 심지어 가까운 사람들에게도 그리 깊은 관심을 오래 갖지는 않습니다. 스스로의 외모 중에서 감추고 싶은 부분을 가장 자주 보는 것은 바로 자신일 수밖에 없는 이유입니다.

우리에게 주어진 또 다른 운의 영역인 머리도 마찬가지입니다. 특히 현재 학교 공부를 하는 데 가장 많이 필요하다는 아이큐는 주로 기억력을 측정한 결과인데, 사람에 따라 상당한 차이를 보일 수 있습니다. 그런데 머리는 아이큐만으로 이루어지지 않습니다. 오히려 다른 사람에게 공감하고 협력할 수 있는 역량은 아이큐와 관계없이 주어질 수 있고, 점점 더 그런 능력들이 더 필요한 시대로 접어들고 있기도 합니다. 그리고 학교 공부조차도 기억력만이 아니라 성실성과 집중 능력 등에 더 많이 의존합니다. 자신에게 맞는 적성을 찾아야 한다는 말이 결코 말처럼 쉽지는 않지만, 그래도 각자의 적성이 서로 다를 수 있다는 사실 자체는 우리에게 반가운 소식임에 틀림없습니다. 삶의 여정에서 십대 중후반의 시기는 그 자체로도 온전한 것이지만, 다른 한편 그 온전함에 집중하면서 자신만의 적성을 찾아가는 시기일 수 있습니다.

하루의 어느 굽이에선가
잠시 멈추기

우리는 지금 이 순간을 살 수 있을 뿐입니다. 이 말이 이상하게 들릴 수 있지만, 조금만 돌아보면 사실임을 확인할 수 있습니다. 과거는 이미 지나갔고 미래는 아직 오지 않았기 때문입니다. 우리는 지금 이 순간을 계속해서 살아가고 있는 중이어서, 지나간 것은 과거라고 부르고 아직 오지 않은 것은 미래라고 부릅니다. 불교에서는 이것을 찰나(刹那)라는 어려운 말로 표현하고자 했습니다. 이 순간순간을 살아갈 수밖에 없는 우리는 그런데 너무 자주 과거나 미래로 눈을 돌리느라 정작 이 순간에는 집중하지 못하고 있다는 것입니다. 맞는 말입니다.

물론 우리는 때로 과거를 돌아볼 수 있어야 하고 미래를 내다볼 수 있어야 합니다. 그렇지만 우리가 어떻게 해볼 수 있는 것은 지금 이 순간뿐일지 모릅니다. 지금 이 순간에 어떤 생각을 하고 또 행동을 하는지는 과거의 어떤 원인에서 비롯된 것일 수 있고, 동시에 그것은 우리의 미래를 결정짓는 핵심 변수이기도 합니다. 그 핵심 변수 중에는 앞에서 살펴본 운이 포함되지만, 그 운은 잘 알고 받아들이는 방법밖에 없는 반면 지금 이 순간 나의 생각과 행동은 상당 부분 자유롭게 내가 어떻게 해볼 수 있는 것이라는 사실이 중요합니다.

정신없이 바쁘거나 아무 생각도 없이 그저 하루하루를 이어가는 우리의 삶에 명상이 필요하다는 이야기를 자주 듣게 됩니다. 그 명상이 불교에 뿌리를 두고 있기는 하지만, 이제는 심리치료 같은 영역에서도 많이 활용되면서 종교와 관계없이 누구나 할 수 있는 것으로 받아들여지고 있습니다. 그런데 그 명상은 다름 아닌 '내 마음을 바로 지금 이곳에 놓아보기'입니다. 과거에 머물거나 쓸데없이 미래에 가 있는 내 마음을 지금 이곳으로 데려오고자 하는 것이 곧 명상인 것입니다. 조금만 연습하면 누구나 쉽게 할 수 있는 일입니다.

학교에 있거나 학교 밖에 머물고 있는 우리는 각자 자기 삶의 몫을 안고서 힘들게 걸어가고 있는 중입니다. 학교 공부와 학원 진도를 따라가야 하거나, 일하는 곳에서 몸과 마음을 혹사당하면서 힘겹게 하루하루를 버티고 있을 수도 있습니다. 친구 관계에서 큰 즐거움을 얻기도 하지만, 바로 그 관계로 인해서 그에 못지않은 고통을 당하고 있을 수도 있습니다. 부모를 비롯한 어른들에게서 도움이나 위안을 받기도 하지만, 다른 한편 그들에게 속아 마음의 상처를 입는 경우도 적지 않습니다. 그렇게 하루하루를 견디다 보면 어느 순간 우울감이 찾아들기도 하고, 더 나아가 문득 절망감이 스밀 때도 있습니다.

그런 절망의 순간에 함께할 수 있는 사람이 있다면 참 좋겠지만, 그런 행운이 누구에게나 쉽게 주어지지는 않습니다. 그럴 때 우리는 어떤 것에 의지해 고통을 나누고 그 어려운 굽이를 넘어설 수 있을까요? 참 어려운 과제입니다. 당장 배가 고파 견딜 수 없을 때는 먹을 것을 구해 해결할 수 있지만, 마음의 좌절과 절망은 몸의 그것과 연계되면서 쉽게 대안을 찾기 어렵습니다. 그럴 때 우리에게 남겨져 있는 대안은 바로 그 좌절과 절망으로부터 조금 물러서는 일인지 모릅니다. 좌절과 절망으로부터 한 발 물러서서 그것들이 어디에서 비롯된 것인지를 생각해보고, 또 얼마나 고통스러운 것인지를 몸과 마음으로 온전히 느껴보는 시간을 가질 수 있는 선천적인 능력이 우리에게는 주어져 있기 때문입니다.

이런 능력을 칭하는 말이 있습니다. 그것은 '철학함'인데, 이 철학함은 어떤 철학자 이름이나 철학사에 있는 특정 지식과는 본질적으로 관계가 없습니다. 철학함은 자신에게 주어진 하루하루의 어느 굽이에서 잠시 멈춰 서는 일에서 시작됩니다. 멈춰 서면 무언가에 쫓겨 달려가는 중에는 보이지 않던 것들이 보이고, 그러면 그것을 있는 그대로 바라보고 그것이 무엇인지를 생각해볼 수 있는 시간도 가질 수 있게 됩니다. 자신의 하루를 관찰의 대상으로 내놓을 수 있게 되면, 이전과는 다른 차원에서 자신을 바라볼 수 있는 시야도 확보될 수밖에 없습니다. 그 시야를 바탕으로 삼아 지금 이 순간에 내가 놓여 있는 학교와 일터, 내가 하고 있는 공부와 일의 의미도 생각해볼 수 있는 가능성이 열립니다. 바로 이 지점이 인간다움의 근간을 이룹니다.

그렇게 보면 '철학함'과 '철학하는 삶'은 특별한 것일 수 없습니다. 그저 자신의 하루 어느 지점에 잠시 멈춰 서서 그 하루를 바라볼 수 있는 거리를 확보하는 일일 뿐인지 모릅니다. 이렇게 거리가 확보될 수 있으면 평정심을 갖고 자신의 삶을 관찰할 수 있게 되고, 그러면 이전보다 조금은 나아진 오늘과 내일을 기약할 수 있습니다. 물론 그 기약은 자신의 하루에 다른 방식의 실천을 가져오는 마음과 몸의 움직임, 즉 '함'을 통해 가능한 것입니다.

제4장

공부

글쓴이_ **김경윤**

노자, 장자, 예수, 부처, 박지원, 허균을 좋아하는 인문학 작가이다. 책 읽고, 글 쓰고, 강의하고, 함께 노는 것을 좋아한다. 『가르침과 배움의 관점에서 새로 쓰는 도덕경』 『책 쓰는 책』 『철학의 쓸모』 등 인문학을 소재로 30여 권의 책을 썼다. 인문학놀이터 〈참새방앗간〉을 운영하고 있다.

즐거운 공부,
공자의 공부법

놀이와
노동

이번에 이야기하는 화제는 '공부와 놀이'입니다. '공부가 놀이'라고 말하는 것인지, '공부와 놀이는 다르다'는 것인지 불투명합니다. 공부와 놀이의 관계를 따지는 것이 중요할 것 같습니다. 게임을 진행할 때 그 룰을 이해하는 것이 시작이듯이, 무언가를 이야기할 때 그 핵심이 되는 개념을 먼저 이해하는 것이 중요합니다. 그것부터 이야기해볼까요?

공부를 이야기하기에 앞서 먼저 '놀이'와 대립되는 개념인 '노동'과 비교해보는 것도 좋겠네요. 둘을 비교해보겠습니다. 첫째

놀이가 수단과 목적이 일치한다면, 노동은 수단과 목적이 일치하지 않습니다. 예를 들면 바닷가에서 모래를 가지고 모래성을 짓는 것과 공사판에서 모래를 시멘트와 섞어 집을 짓는 것은 다른 행위입니다. 앞의 행위는 행위 그 자체를 즐거움으로 삼지만, 뒤의 행위는 행위 그 자체가 즐거운 것이 아니라 행위 뒤에 오는 돈을 받기 위한 것입니다. 놀이가 행위 그 자체가 목적이라면, 노동은 행위 다음에 주어지는 돈이 목적인 셈이지요.

그래서 놀이는 종일토록 해도 즐겁지만, 노동은 종일토록 하면 힘들게 됩니다. 놀이는 시간의 제약이 없지만, 노동은 법으로도 하루 8시간으로 제한하고 있습니다. 만약에 공부가 하루 종일 해도 즐겁다면 놀이에 가까울 것이고, 조금만 해도 즐겁지 않다면 노동에 가까울 것입니다. 학생들이 학교에 가서 공부를 하면서 지겹고 힘들다고 느낀다면 이때의 공부는 노동이라 할 수 있겠네요.

둘째는 자발성을 기준으로 구분하는 것입니다. 대부분의 놀이는 자발성에 기초합니다. 하고 싶어서 하는 것이지요. 그런데 대부분의 노동은 강제성에 기초합니다. 하기 싫어도 해야 하니까 하는 것이지요. 놀이는 내가 원하니까 하는 것이고, 노동은 남이 시켜서 하는 것이라고 볼 수도 있습니다. 만약에 공부를 스스로 원해서 했다면 놀이에 가깝고, 남이 시켜서 하고 있다면 노동에 가깝겠네요.

셋째로 목적성을 기준으로 구분할 수도 있습니다. 놀이는 노는 즐거움 그 자체 외에 어떤 목적도 없습니다. 아이들이 게임을 한다면 그 자체가 재미있고 즐거워서 하는 것입니다. 하지만 프로 게이머의 경우에는 경기에서 승리하기 위해서 게임을 합니다. 승률이 높아야 좋은 선수로 이름이 날 것이고 돈도 많이 벌 것입니다. 같은 게임이라도 그 자체가 즐거워서 한다면 놀이이고, 돈을 벌기 위해서 한다면 노동이 됩니다. 만약에 공부가 그 자체가 즐거워서 하는 것이라면 놀이가 될 것이고, 입시에 합격하기 위한 목적으로 하는 것이라면 노동이 될 것입니다.

놀이	노동
행위 그 자체 (수단=목적)	행위 이후에 받는 대가 (수단≠목적)
자발성	강제성
무목적성	목적성
즐거움	힘듦

이렇게 이야기해놓고 나니, 공부가 놀이가 될 수도 있고, 노

동이 될 수도 있겠습니다. 공부 그 자체로 즐겁고 스스로 하고 싶은 것이라면 놀이이고, 공부가 지겹고 힘들고 남이 시킨 것이고 다른 목적을 이루기 위한 것이라면 노동이 됩니다. 여러분에게 공부는 어떤 것입니까?

공부=시험=공포?
공부는 어떤 것일까?

학생들은 공부라면 학창시절에 억지로 해야만 하는 것이라고 생각합니다. 그래서 어른이 되면 지겨운 공부에서 벗어나 자유롭게 살고 싶어 합니다. 집에서는 부모가 공부하라고 하고, 학교에서도 선생님이 공부하라고 하니, 도리어 공부를 하고 싶어지지 않습니다. 공부가 노동이라고 생각하기 때문이지요.

게다가 노동 같은 공부라도 그에 따른 대가가 제대로 주어진다면 억지로라도 할 만한데, 모든 학생이 공부에 따른 임금을 받는 것도 아니고, 시험에서 모두 만족할 만한 성적을 거두는 것도 아니니 대가조차 불투명합니다. 학생의 입장에서는 참으로 억울한 일이 아닐 수 없습니다. 대가도 불투명한 강제 행위는 누구도 하고 싶지 않을 것입니다. 일을 열심히 했는데 임금을 정확히 받지 않는 아르바이트를 누가 하고 싶겠습니까.

학교생활이 '공부=시험'이라는 공식에 갇힌 한 공부는 노동입니다. 게다가 그 시험이 그저 자신의 실력 상태를 확인하는 단순 과정이 아니라, 평생의 낙인처럼 따라붙는 것이라면 이제 공부는 노동을 넘어 공포(恐怖)의 대상이 될 수도 있습니다. 한 번 실수로 인생을 망치는 결과를 초래할 수도 있으니까요. 이렇게 학생들을 노동의 지겨움과 공포로 몰고 가는 공부는 없어져야 마땅합니다.

공부의
전환

그런데 이 없어져야 할 공부가 없어지지 않고 계속되고 있는 이유는 뭘까요? 근대화 교육의 관성 때문입니다. 초중고 과정의 공부가 의무화되었던 것은 근대화 과정에서 생겼습니다. 후진국에서 벗어나 선진국을 따라가기 위해 사회체제 전체를 바꾸어야 했습니다. 농업 중심의 사회를 산업 중심의 사회를 바꾸었지요. 농업의 시대에는 배움이 따로 필요 없었습니다. 지역에 살면서 저절로 농사짓는 법을 배울 수 있었으니까요. 그러니 산업사회로 진입하기 위해서는 대규모의 노동력이 필요했지요. 공장을 짓고, 기계를 돌리고, 도로와 항만을 건설하고, 만들어진 물건을 파는 이 모든 일을 해낼 수 있는 노동력 말입니다. 학교는 바로 그러한 노동력을 제공하는 공급처가 되었습니다. 어느 정도 교육 수준을 갖추면서도 시키는 대로 말 잘 듣는 '인적자원'을 양성하는 곳이 바로 학교입니다. 학교의 시스템이 공장의 시스템과 비슷한 것은 그런 이유에서였습니다.

그런데 어느덧 시간이 흘러 우리나라가 선진국이 되었습니다. 개발도상국일 때에는 선진국을 따라 하면 되니까 시키는 대로 보이는 대로 잘 따라 하는 사람이 필요했지만, 선진국이 되고 나서는 남을 따라 하는 것이 아니라 자신이 스스로 길을 만들어야 하는 사람이 필요합니다. 강제로 배우는 사람이 아니라 스스로 배우는 사람, 시키는 일을 하는 사람이 아니라 자발적이고 창조적인 일을 하는 사람이 필요합니다. 그에 따라 공부도 노동에 가까운 공부가 아니라 놀이에 가까운 공부로 전환할 필요가 생겼습니다. 공부의 노예가 아니라 공부의 주인이 되는 사람이 필요합니다. 역사적으로 그런 사람이 있었을까요?

즐거운
공부

일찍이 동아시아 문명에서 공부를 깊이 있게 수행하고 연구한 사람이 있습니다. 그는 공부를 얼마나 좋아했던지 스스로 지은 별명이 '공부를 좋아하는 사람[호학자(好學者)]'이었습니다. 아시아 최초로 학교를 만들어 수많은 제자를 양성한 그 사람의 이름은 공자(孔子)입니다. 춘추전국시대에 태어나 활동한 공자의 모습은 공자가 죽은 후 그의 제자들이 정리한『논어』라는 책에 잘 나타나 있는데요. 그 책의 처음은 이렇게 시작합니다.

"배우고 때맞춰 익힌다면 기쁘지 아니한가. 벗이 먼 곳에서 찾아온다면 즐겁지 아니한가. 다른 사람이 날 알아봐주지 않아도 화가 나지 않는다면 군자(君子)가 아니겠는가(學而時習之, 不亦說乎. 有朋自遠方來, 不亦樂乎. 人不知而不慍, 不亦君子乎)." ─『논어』, 「학이편」

공자의 제자들이 공자의 말씀을 기록하면서 제일 먼저 인용한 구절이니, 아마도 가장 중요한 구절이 아닐까 싶습니다. 세 개의 문장으로 이루어진 이 구절을 조금만 자세히 살펴보겠습니다.

첫 번째 문장은 공부에 관한 문장입니다. 한자로는 '학습(學習)'이라는 두 동사가 처음 등장하네요. 배우고 익힌다는 뜻입니다. 공부의 두 단계인데요. 배움이 첫 단계라면 익힘은 두 번째 단계입니다. 예를 들어 자전거를 어떻게 타는지 배웠다면, 잘 탈 수 있도록 몸으로 스스로 익혀야 합니다. 머리로 이해한 것을 몸으로 익숙하게 하는 것이지요. 처음부터 자전거를 잘 타는 사람은 없습니다. 차차 익혀서 잘 타게 되는 것입니다.

그런데 '학습'이라는 단어 사이에 '때맞춰[시(時)]'라는 부사가 붙어 있습니다. 배움과 익힘 사이에는 시기가 있고 의지가 있어야 한다는 것입니다. 때를 놓쳐버린 공부, 의지가 사라진 공부는 익힘의 단계에 도달할 수가 없습니다. 기타를 배울 때, 처음 1년이 가장 힘들다고 합니다. 코드를 외우고, 소리가 제대로 나게 하려면 손가락 끝에 멍이 들도록 연습해야 합니다. 주법도 익히고 제대로 치려면 손목과 팔의 동작도 익숙해져야 합니다. 그렇게 연습을 해서 자연스럽게 연주를 하려면 시간이 필요하고, 지속적인 훈련이 필요합니다. '공부에도 때가 있다'는 말이 거짓이 아님을 알 수 있습니다.

그렇게 해서 자전거를 잘 타게 되고, 기타를 잘 연주할 수 있게 된다면 기쁘지 않을 수 없습니다. 이전의 나보다 훨씬 괜찮아진 나를 발견하면 기쁘게 됩니다. 자신이 하고 싶었던 것을 배우고 익혀 할 수 있게 되었으니 안 기쁘면 이상합니다. 당연히 기쁘겠지요. '작은 나'에서 '큰 나'로 성장하게 됩니다. '존재의 확장'이지요.

공자는 '공부는 기쁨'이라고 말합니다. 놀이의 성격이 강합니다. 자신이 배우고 싶은 것을 스스로 배우고 익히니 즐겁다고 말합니다. 점점 실력이 늘고, 성장하는 자신의 모습을 발견하고 기쁘게 되는 공자의 오래된 공부 정신이 필요한 시기입니다.

친구와
함께

두 번째 문장은 친구와 관련된 문장입니다. 그냥 동네 친구가 아니라 함께 배우고 뜻이 같이한 친구입니다. 한자어로는 '붕(朋)'이라고 쓰는데, 두 몸이 나란히 붙어 있는 형상입니다. 유사한 한자어로는 '우(友)'가 있습니다. 두 개의 손을 맞잡은 모습을 형상화했습니다.

헬레니즘시대의 서양 철학자 에피쿠로스는 평생에 필요한 두 가지를 지혜와 우정이라 했습니다. 공자식으로 표현하면 공부와 친구가 되겠네요. 그런데 이 공부와 친구는 따로따로 있는 것이 아니라 나란히 있습니다. 같이 공부하는 친구인 셈이지요. 요즘 공부는 경쟁이 목적이라 '따로—공부'가 일상이지만, 원래 공부는 친구와 더불어 성장하는 '같이—공부'입니다. "친구가 되지 못하는 사람은 스승이 될 수 없고, 스승이 될 수 없는 사람과는 친구가 되지 못한다"는 말이 있습니다. 서로 가르치고 서로 성장하는 아름다운 모습이 친구입니다. 그런 친구를 만났으니 기쁘지 않을 수 없다고 공자는 말합니다.

그런 의미에서 친구는 '적수(敵手)'가 아니라 '맞수'입니다. 이기고 넘어서야 할 존재가 아니라 같이 성장하는 존재입니다. 입시경쟁은 함께해야 할 친구를 맞수가 아니라 적수로 만들어놓았습니다. 내가 이겨야 살 수 있는 경쟁사회는 친구 상실의 사회입니다. 학교도 어느새 경쟁사회의 축소판이 되었습니다. 그 속에서 우정을 쌓기란 하늘의 별 따기입니다. 이제라도 학교는 기쁨을 함께 나누는 친구 관계를 쌓는 곳이 되어야겠습니다.

성숙한
인간

마지막 문장은 내적 성숙과 관련된 문장입니다. 공자는 성장하여

"남이 나를 알아봐주지 않아도 화가 나지 않는" 성숙한 경지에 도달합니다. 처음부터 그러한 경지에 도달하지는 않았을 것입니다. 친구와 더불어 기쁘고 즐거운 공부를 하다 보니, 더욱 성장하고 확대되는 자신을 만들다 보니 인생의 참된 즐거움을 발견한 것이겠지요.

남들의 눈치를 보는 공부, 남들에게 인정받기를 바라는 공부가 아니라 자신이 원하는 공부, 자신을 성장시키고 확대하는 공부를 하다 보니 어느새 공부의 높은 경지와 더불어 깊은 만족감을 갖게 되었습니다. 심리학에서는 이러한 정서를 '자존감'이라고 표현합니다. 자존감은 자만심과 달리 남들과 비교하여 생겨나는 정서가 아니라 스스로의 내적 충만함에서 생기는 것입니다. 그러기에 자만심은 자신보다 나은 사람을 만나면 열패감으로 바뀌지만, 자존감은 주변의 상황에 영향을 받지 않고 내적으로 빛나지요.

공자는 이러한 경지에 도달한 사람을 '군자(君子)'라고 말합니다. 고전적으로는 대부(大夫)의 자식을 군자라 칭하지만, 현대적으로는 '멋진 리더'라 할 수 있겠습니다. 스스로를 다스릴 수 있기에 남들에게 귀감이 되는 사람이 리더입니다. 말로 이끄는 사람이 아니라 인격과 행동으로 이끄는 사람입니다. 공부의 궁극적인 모습이 바로 이렇게 멋진 리더가 되는 것이겠지요. 리더는 '홀로-성장'하는 사람이 아니라 '함께-성장'하는 사람입니다. 공부와 우정이 만나 서로 성장하는 리더가 되는 것이야말로 진정으로 멋있는 일 아닐까요.

모르는 것을 모른다고
말하자

공자에게는 훌륭한 제자가 많았는데요. 그중에서 싸움을 잘하는 용감한 제자가 있었습니다. 이름이 자로(子路)입니다. 그런데 이 자로에게는 약점이 있었습니다. 싸움을 잘하는 거친 성격이다 보니 모르는 것조차 안다고 우기기도 했지요. 그러한 제자를 공자가 불러놓고 이렇게 말합니다.

"유야, 내가 너에게 안다고 하는 것을 알려주마. 아는 것을 안다 하고, 모르는 것을 모른다고 하는 것, 이것이 곧 아는 것이다(由 誨女知之乎. 知之爲知之 不知爲不知 是知也)." ─『논어』,「위정편」

우리는 공부 하면 뭔가를 알게 되는 것이라고 생각하기 쉬운데, 그보다 더 중요한 것이 자신이 뭔가를 모른다는 것을 깨닫는 것입니다. 뭔가 안다고 생각하면 더 이상 배울 것이 없게 되지만,

뭔가 모른다면 모르는 자신을 성찰할 수 있는 기회가 생기지요. 게다가 자신이 모르는 것을 모른다고 말하는 데에는 큰 용기가 필요합니다. 모르는 것이 부끄럽기는 하겠지만, 모르는 데도 아는 것처럼 행동하는 것이 더욱 부끄러운 일이지요. 이처럼 무엇을 모르는지 아는 것이 공부의 시작입니다.

인류의 역사를 조망한 책『사피엔스』를 쓴 유발 하라리는 이렇게 말합니다. "과학혁명은 지식혁명이 아니었다. 무엇보다 무지의 혁명이었다. 과학혁명을 출범시킨 위대한 발견은 인류는 가장 중요한 질문에 대한 해답을 모른다는 발견이다." 유발 하라리가 '무지의 혁명'이라고 말했던 '과학혁명'은 앎에서 출발하는 것이 아니라, 이전에 알았다고 생각했던 것들이 사실은 몰랐던 것임을 깨닫는 것에서부터 출발했다고 말합니다. 그래서 새로 배우고, 새로 탐구하고, 새로 연구하여 과학혁명을 할 수 있었지요.

이와 마찬가지로 우리가 살아가는 시대는 너무도 급격하게 변하고 있어서 앞으로 무슨 일이 벌어질지 아무도 모른다고 합니다. 마치 망망대해를 떠다니는 배에 타고 있는데 그 배가 어디에 위치하고 있는지 모르는 것과 같습니다. 자신의 위치를 모른다면 열심히 배를 몰아도 자신이 원하는 곳에 도달할 수 없겠지요. 그래서 이러한 시기에는 자신이 어디에 있는지, 자신이 무엇을 알고, 무엇을 모르는지 파악해야 합니다.

이렇게 앎을 점검하는 것, 아는지 모르는지 아는 것을 '메타인지'라고 하는데요. 이 메타인지가 바로 인간의 근본적인 앎인 셈이지요. 나는 누구? 여긴 어디? 끝없이 질문하고 질문하면서 실수하고 실패하면서 한 발 한 발 살아가는 것이 인생이지요.

즐기는
공부

학생 여러분은 공부를 학창시절에만 하는 것이라 생각할지 모르지만, 사실 공부는 평생 하는 겁니다. 학창시절은 마치 운전면허를 따는 것과 마찬가지지요. 운전을 잘해야 운전면허를 따는 것이 아니라, 운전면허를 따고 나서야 운전을 시작할 수 있는 것입니다. 운전면허를 따놓고 장롱에 처박아두면 면허는 있지만 운전을 못 하게 되고요. 용기를 내서 차를 몰고 나가면 운전이 익숙해져 더욱 실력이 늘게 되지요. 그러니까 학창시절이 끝나면 공부 끝이 아니라 공부의 시작이라 말할 수도 있겠네요.

따라서 공부를 하는 마음가짐을 새롭게 할 필요가 있습니다. 이와 관련하여 공자의 말을 마지막으로 소개할까 합니다.

"아는 사람이 좋아하는 사람만 못하고, 좋아하는 사람이 즐기는 사람만 못하다(知之者 不如好之者 好之者 不如樂之者)." —『논어』, 「위정편」

　여기서 공자는 공부의 세 단계를 이야기합니다. 첫 번째 단계가 아는 단계입니다. 머리로 이해하는 단계지요. 억지로 해도 머리에 넣고 이해할 수는 있습니다만, 그렇게 배운 공부는 쉽게 잊히지요. 벼락치기 공부를 하고 시험 보고 잊어버리는 지식처럼 말입니다. 두 번째 단계가 좋아하는 단계입니다. 좋아한다는 것은 자발적인 단계지요. 내가 좋고 내가 원해서 하는 공부는 할 때도 즐겁고 쉽게 잊히지도 않습니다. 그러니 아는 것보다 좋아하는 것이 훨씬 공부하기에도 편할 것입니다. 좋아하면 시간 가는 줄도 모르겠네요.

　하지만 공자는 세 번째 단계를 이야기합니다. 바로 즐기는 단계. 즐기는 단계는 나와 공부가 하나가 되는 단계입니다. 좋아하는 단계가 일방적이라면, 즐기는 단계는 쌍방적입니다. 혼연일체가 된다는 말입니다. 가령 기타 연주를 아는 단계와 기타 연주를 좋아하는 단계를 거쳐, 기타 연주를 즐기는 단계가 되면, 더 이상 기타와 나는 다른 몸이 아닙니다. 기타와 내가 한 몸이 되어, 기타를 의식하지 않아도 저절로 기타를 연주할 수 있게 되는 단계가 바로 즐기는 단계입니다.

이 정도 단계에 도달하면 얼마나 좋겠습니까. '공부'라고 말하니까 딱딱하게 느껴지지만, '배움'이라고 생각해보세요. 태어나 걷기를 배우고, 말하기를 배우고, 글을 배우고, 혼자 여행하는 법을 배우고, 사랑을 배우고, 이별을 배우고, 악기를 배우고, 기술을 배웁니다. 사람과 사귀는 것도, 멋진 사람이 되는 것도 결국 배우는 것입니다. 나의 경우라면 나이가 들어 농사를 배우니 즐겁고, 글 쓰는 법을 배워 책을 쓰니 즐겁고, 오랜 친구들과 우정을 나누니 즐겁습니다. 힘든 사람을 도와주니 즐겁고, 정의를 위해 싸우니 즐겁고, 가르칠 수 있으니 즐겁습니다.

원래 공부란 그런 것입니다. 그러니 학창시절 공부에 주눅 들어 힘들어 하는 학생들이여, 비록 입시가 그대를 괴롭힐지라도 공부를 포기하지 마시기 바랍니다. 평생 고생하며 살았지만 공부를 포기하지 않아 즐거운 삶을 살았던 공자처럼, 여러분도 자신만의 공부를 개척하시기를 바랍니다. 모르는 것을 부끄러워 말고, 끊임없이 묻기를 바랍니다. 같이 공부할 수 있는 좋은 친구를 많이 사귀고, 그 모임을 계속하기를 바랍니다. 그리하여 학창시절이 끝나면, 본격적으로 자신이 원하는 공부를 계속하기를 기원합니다.

제5장

독서

글쓴이_ **유강하**

중국신화학으로 연세대학교에서 박사학위를 받았다. 현재 강원대학교 인문치료학과 교수로 재직 중이다. 지은 책으로 『아름다움, 그 불멸의 이야기』 『고전 다시 쓰기와 문화 리텔링』 등이 있고, 논문으로 「인문치료와 신화 - 치유적 관점에서 읽는 중국 나시족의 창세기」 「빅데이터와 빅퀘스천 - 빅데이터 활용에 대한 인문학적 비판과 질문」 「빅데이터와 사물인터넷시대의 비판적 해석과 인문학적 상상력 - 영화 〈마이너리티 리포트〉를 중심으로」 등이 있다.

가장 먼 곳으로의 여행,
책으로 떠나기

열다섯의
선택

『논어(論語)』에는 이런 유명한 문장이 있습니다. 공자(孔子)는 "열다섯에 배움에 뜻을 두었고[지우학(志于學)], 서른이 되어서는 뜻을 세웠으며[이립(而立)], 마흔이 되어서는 미혹되지 않았고[불혹(不惑)], 쉰이 되어서는 천명(하늘이 나에게 준 소명)을 알았으며[지천명(知天命)], 예순이 되어서는 귀가 순해졌다(한 귀로 듣고, 한 귀로 흘릴 수 있게 되었다[이순(耳順)])."

이립(而立), 불혹(不惑), 지천명(知天命), 이순(耳順), 어디선가 한번은 들어본 말이죠? 서른, 마흔, 쉰, 예순은 너무 멀게 느껴지는 나이지만, 공자가 '배움에 뜻을 두었다[志于學]'고 말한 열다섯은 여러분과 가까운 나이입니다. 세계 사대 성인으로 존경받는 공자에게도 열다섯의 소년 시절이 있었습니다. 어쩌면 여러분과 마찬가지로 질풍노도의 시기를 겪었는지도 모릅니다. 공자에 대한 기록이 짧아서 공자가 어떻게 청소년 시기를 보냈는지 짐작하기 어렵지만, 공자는 세 살 무렵에 아버지를 잃고 열여섯에는 어머니마저 잃었습니다. 열다섯에 배움에 뜻을 두겠다는 결심을 했지만, 막상 공자가 맞닥뜨린 현실은 그의 결심이나 기대와는 매우 달랐던 것이지요. 그러나 공자는 현실이 고달프다고 해서 그 결심을 바꾸지는 않았습니다.

공자가 말한 '배움에 뜻을 두었다'는 의미를 단순히 공부한다는 의미로 이해하는 것은 곤란합니다. 그 당시의 '배움'이라는 건, 지금의 공부와는 차이가 있었기 때문입니다. 책을 소리 내어 읽고 암기하는 과정이 있었고, 깊이 생각하는 과정이 요구되었으며, 토론을 통해 자신의 생각을 넓히는 것이 포함되어 있었습니다. 그리고 무엇보다 중요한 것은 실천이었습니다. 머릿속에는 선명하게 남아 있지만 삶에 아무런 영향을 미치지 못하는 배움은, 결국 제 기능을 하지 못하는 절름발이 지식이 될 수도 있었으니까요.

여기에서 여러분에게 말하고 싶은 것은, 열다섯은 인생의 중요한 무엇인가를 결정할 수 있는 매우 중요한 나이라는 것입니다. 공자가 말한 '열다섯'이라는 나이는 중학교 3학년의 특정한 시기를 가리키는 게 아니라, 청소년 시기를 넓게 이르는 표현이라고 생각해도 좋습니다. 2500년 전의 교육체계는 지금과는 달랐으니까요. 그렇더라도 어린이의 시기를 벗어나 성인으로 가는 길 위에 있었던 시간이라는 점만큼은 다르지 않습니다.

공자가 말한 배움에 '뜻을 두었다'는 것은 무엇을 결정하거나, 분명하게 마음을 정한다는 의미와도 같습니다. 여러분은 지금까지 어떤 결정을 해오셨나요? 각자의 경험이 다르겠지만, 지금까지 크고 작은 결정을 해왔고, 지금도 우리는 모든 순간에 결정을 하며 살아갑니다. '열다섯'. 아직은 청소년, 미성년이라는 이름으로 보호를 받는 시기이기는 하지만 자신의 삶을 진지하게 고민하고 주체적인 결정도 할 수 있는 나이이기도 한 것이지요.

스스로 주체적인 결정을 할 수 있다고 생각하면 신나기도 하고, 갑자기 어깨가 무거워진 느낌이 드나요? 어떻게 해야 인생에서 좋은 결정들을 내리면서 살아갈 수 있는지 궁금해질 것 같네요. 오늘 여러분과 나누려고 하는 이야기는 정답이 아닐 수도 있습니다. 이건 글을 쓰고 있는 저의 개인적인 경험과 생각이 반영된 하나의 이야기일 뿐이지만, 이런 다양한 이야기들이 모여 더 좋은 답을 만들어낼 거라고 생각힙니다.

좋은 선택은 순간적으로 이루어지기도 하지만 때로는 길고 진지한 고민을 통해서 만들어지기도 합니다. 더 좋은 선택이 반드시 긴 선택 과정을 필요로 하는 것은 아니지만, 직·간접적으로 삶 속에 차곡히 쌓였던 경험들은 여러분이 더 나은 선택을 할 수 있도록 방향을 잡아줍니다. 우리가 삶에서 경험을 쌓아가는 방법이 궁금할 텐데요. 오늘 여러분에게 추천하려고 하는 경험 쌓기의 방법은 책 읽기입니다. 너무 뻔하고 심심한 대답이라서 실망한 분들도 있을 것 같네요. 맞아요! 평범하기 짝이 없는 대답이지만, 그 평범함은 위대한 순간으로 이어지곤 한다는 걸 말하고 싶습니다.

사실 책 읽기는 단순한 일이죠. 책을 읽는 일이니까요. 그 단순함에 비해 책을 만나는 과정은 보다 다양합니다. 부모님이나 선생님이 추천해주는 책을 선택하기도 하고, 책 표지가 마음에 들어서 고르기도 합니다. 좋아하는 작가의 책을 고르기도 하고, 숙제 때문에 어쩔 수 없이 떠밀려서 읽는 경우도 있어요. 때로는 책과의 만남이 성공적이기도 하고 그렇지 않기도 합니다. 성공적이든 그렇지 않든 모두 훌륭한 책 읽기의 결과라고 말하고 싶네요. 적어도 내가 관심과 흥미를 느끼는 분야, 관심과 흥미가 없는 분야를 알 수 있으니까요. 그러니까, 책 읽기를 통해 얻은 관심과 흥미는 자기 자신을 알아가는 자연스러운 과정이라고 할 수 있습니다.

곰곰이 생각해보면 책을 선택하고 읽는 데까지는, 때로는 단순하고 때로는 복잡한 과정이 포함되어 있습니다. 저는 오늘의 책 읽기를 여행에 비유해서 이야기해보려고 합니다. 왜 하필이면 여행이냐고요? 여행과 책 읽기는 비슷한 데가 있기 때문입니다. 우선, 직접적인 경험이 필요하고, 똑같은 것이어도 사람에게 주는 느낌과 감정이 다르며, 독서든 여행이든 경험이 많을수록 얻는 것이 깊고 넓어진다는 공통점이 있습니다. 그럼, 여행하듯 책을 읽으러 떠나볼까요?

책과
만나기

여행의 과정에서 가장 기대감이 높은 순간은 여행지를 선택하고 여행계획을 짜는 시간이 아닐까요? 국내든 국외든, 많은 장소를 알고 있을수록 여행지를 선택하는 폭도 넓어집니다. 가깝게는 버스나 자전거를 타고 갈 수 있는 익숙한 곳도 훌륭한 여행지가 될 수 있고, 버스나 배 또는 비행기를 타고 멀리까지 여행하는 방법도 있습니다. 많은 장소를 알고 있으면 계획될 수 있는 여행지는 많아집니다. 물론 기대감도 커질 것입니다.

책을 선택하는 과정도 비슷합니다. 책을 통해 만날 세상을 기대하는 순간은 두근거리기도 합니다. 우리는 동네의 작은 서점에서 책을 살 수도 있고, 많은 책이 있는 대형서점을 찾아갈 수도 있고, 또 절판되거나 품절된 책을 만나기 위해 중고서점을 방문할 수도 있습니다. 특별한 주제의 책을 모아둔 독립서점도 있고, 크고 작은 도서관도 있으며, 클릭 한 번으로 열리는 온라인 서점과 온라인 도서관도 있습니다.

그럼, 자신이 선호하는 곳으로 가서 책을 고르면 됩니다. 그런데 각각의 장소는 장단점이 있으니 되도록 다양하게 찾아가는 걸 추천합니다. 모든 장소는 자기만의 매력이 있고, 또 직접 경험의 장점이 있으니까요. 대형서점에는 다양한 종류와 분야의 책이 있을 뿐만 아니라, 신간이 착실하게 소개되고 있으니 많은 책을 접할 수 있을 뿐만 아니라 트렌드도 확인할 수 있다는 장점이 있습니다. 주변에 대형서점이 없어도 괜찮습니다. 요즘은 분야별로 책을 모아두거나 서점 주인의 전문성과 취향에 따라 책을 소개하는 독립서점도 있으니까요. 독립서점은 서점의 기능을 충분히 발휘하면서 서점의 분위기도 즐길 수 있다는 장점이 있습니다. 인터넷 서점도 있습니다. 인터넷 서점은 접근하기 쉬우면서도, 사용 빈도가 늘수록 알고리즘을 통해 여러분이 관심을 가질 만한 책을 추천해주기도 합니다. 그곳에서 뜻밖의 책을 만나게 되기도 합니다. 그리고 시간여행이 가능한 오래된 중고서점도 있습니다. 사람마다 중고서점에 대한 호불호는 갈리겠지만, 중고서점에서는 오래전에 출판된 책이나 더 이상 출판되지 않는 책들을 만날 수 있고, 간혹 희귀본을 발견하는 즐거움도 느낄 수 있습니다.

책을 만날 수 있는 곳으로는 도서관도 있습니다. 예전에는 주로 책을 모아두고 빌려주는 곳이었지만 지금의 도서관은 책을 중심으로 강연이나 모임, 음악과 미술 등의 예술 활동이 펼쳐지는 문화의 중심지라고도 할 수 있습니다. 도서관에는 오래된 책부터 최근에 출판된 책과 잡지, 그리고 외국 서적까지 다양하게 갖추어져 있어서 그야말로 동서고금을 넘나드는 시간여행을 하기에 가장 적합한 곳인지도 모릅니다. 책을 통해 우리는 수천 년 전에 살았던 사람들과도 만날 수 있고, 가장 멀리까지도 갈 수 있으니까요.

책으로 여행하는
여러 가지 방법

우리는 어린 시절부터 여행을 했습니다. 엄마 배 속에서 세상으로, 유치원에서 초등학교로, 때로 다른 지역이나 나라로 떠나 새로운 경험을 하기도 했죠. 소풍이나 패키지여행처럼 이미 짜인 여행을 다녀오기도 하고, 자유가 보장된 자유여행을 다녀온 경험도 있습니다. 그러는 동안 우리에게는 여행에 대한 기억이 생겼을 겁니다. 좋아하는 장소, 마음에 드는 이동 수단, 누구와 함께했을 때 행복했는지의 추억 같은 것 말이죠.

마치 여행처럼, 우리는 글자를 모르는 어린 시절부터 책을 읽었습니다. 책을 봤다고 말하는 게 더 옳을 수도 있겠네요. 글자보다 그림이 많은 책부터, 흥미를 끄는 팝업북, 던지고 놀아도 안전한 패브릭북까지, 그야말로 책은 지식을 전달하는 역할보다는 장난감이자 가장 좋은 친구였습니다.

사실, 책을 읽는 방법에 대한 설명은 불필요한 것인지도 모릅니다. 누구나 책을 읽어왔고, 좋아하는 책을 적어도 한 권쯤은 갖고 있고, 무엇보다 책을 읽는다는 건 너무 간단한 일이어서 딱히 방법이라는 게 없을 수도 있으니까요. '노하우'라는 거창한 말로 설명할 필요는 없겠지만, 그래도 누구나 익혀두면 좋은 독서 습관은 있습니다. 오늘은 여러분과 세 가지 책 읽기 방법에 대해 이야기를 나누려고 합니다.

첫째, '용감하게 읽기'입니다. 책을 선택하는 데 용기가 필요할까요? 물론입니다. 이때의 용기는 모험을 위한 용기가 아닌 다른 종류의 용기입니다. 내가 좋아하지 않는 분야의 책도 기꺼이 선택할 수 있는 용기를 말합니다. 우리는 좋아하는 것, 관심 분야 등이 어느 정도 정해지면, 한 분야의 책을 집중적으로 읽기 쉽습니다. 그렇게 하다 보면, 한 분야에 대해 많은 걸 알게 되지만 다른 분야는 관심 밖의 일이 되어버립니다. 다른 분야의 책에 대해서는 "잘 모르니까", "재미없으니까", "어려우니까" 하면서 선택하지 않게 되고, 책 읽는 범위는 점점 좁아집니다.

한 분야에 대해 깊이 있는 지식을 갖출 수는 있겠지만, 우리에게는 종합적이고 융합적인 사고능력이 필요합니다. 그러기 위해서는 내가 좋아하지 않는 분야, 잘 모르는 분야의 책 읽기가 필요한 것이지요. 이때 필요한 것이 선택의 용기입니다. 다양한 분야의 책 읽기를 시도하는 것은 경계를 넘나드는 즐거움을 느끼게 할 뿐만 아니라, 우리가 가지고 있던 편견, 선입견을 깨뜨립니다. 스스로 얻는 '깨달음'은 무엇보다 삶의 가치관, 인생관을 바꿀 수도 있는 소중한 것입니다.

책을 읽으며 얻을 수 있는 깨달음을 말하니, 영웅신화가 떠오릅니다. 신화학자 조지프 캠벨은 영웅신화에 대해 이야기를 하면서, 영웅신화는 집을 떠나 엄청난 모험을 거쳐 다시 있던 곳으로 돌아오는 구조를 가진 이야기라고 말했습니다. 돌아온 주인공이 영웅이 될 수 있는 것은 그가 보물을 얻어서 돌아왔기 때문이라고 하는데요, 그 보물은 다름 아닌 '깨달음'입니다. 이 글을 읽으면서, "그거야 영웅이니까 당연한 거지" 또는 "뻔한 영웅 이야기 아니야?"라고 반문하는 친구들도 있겠지요.

그런데 영웅신화는 우리 모두의 신화이기도 합니다. 우리는 신화 속의 영웅처럼 누군가의 도움이 있더라도 결국 많은 과정을 스스로 헤쳐나가면서 우리의 길을 계속 걸어가고 있으니까요. 영웅은 집을 떠나 길 위에서 수많은 경험을 하면서 결국 그 깨달음에 이르는데요. 책은 우리에게 가장 훌륭한 간접 경험을 할 수 있도록 도와주는 멋진 여행과 모험의 공간입니다. 그곳에서 우리는 동서고금의 많은 사람, 동물과 신비한 존재들까지 만날 수 있습니다. 다양한 책을 읽을수록 모험의 공간은 넓어지는 셈입니다. 용감한 여행을 하듯 책을 읽는다면, 여러분은 어느새 내면이 깊어지고 넓어진 자기 자신을 발견하게 될 겁니다.

둘째, '반복해서 읽기'입니다. 보통 책 한 권을 읽는 것을 '일독'한다고 표현합니다. 모든 책을 여러 번 읽을 필요는 없겠지만, 좋아하는 책이나 마음에 와닿는 책을 반복해서 읽기는 좋은 독서 방법입니다. 책은 줄거리나 정보만을 전달하는 매체가 아닙니다. 어쩌면 활자 사이에 만들어진 빈 행간을 읽는 것이 진짜 독서인지도 모릅니다. 반복해서 읽다 보면 첫 번째 책 읽기에서 놓쳤던 빈틈을 발견하게 됩니다. 두 번째 책 읽기에서는 마치 보물찾기

하듯, 탐정놀이를 하듯 새로운 의미와 깨달음을 찾기도 합니다. 책 읽기가 반복될수록 숨겨진 의미들은 마치 장미의 잎들이 하나씩 펼쳐지는 것처럼 감추어져 있던 새로운 모습을 드러냅니다.

물론 모든 책을 반복해서 읽을 필요는 없습니다. 독서 습관을 만들고 나면 꼭 소장하고 싶은 책, 빌려 읽어도 충분히 좋은 책 등 책을 구별할 수 있는 나름의 기준이 생겨납니다. 언제 봐도 뿌듯하고 기분 좋은 나만의 책장을 만들 수도 있겠지요. 단 한 권이 있다고 하더라도요.

다시 공자 얘기로 돌아가볼까요? 공자는 만년에 『주역(周易)』이라는 책을 매우 좋아했다고 합니다. 그 책을 한번 읽고 "참 좋구나" 하는 감탄을 하고 책을 덮어버리지 않았습니다. 공자는 그 책을 반복해서 읽었다고 해요. 얼마나 읽었을까요? 두 번, 세 번? 공자는 셀 수 없을 만큼 그 책을 읽었습니다. 책을 엮은 가죽끈이 무려 세 번이나 끊어졌다고 하니까요. '위편삼절(韋編三絶, 책을 엮은 가죽끈이 세 번 끊어지다)'이라는 성어(成語)는 바로 여기에서 나왔습니다.

똑같은 영화를 보아도 볼 때마다 느낌이 조금씩 다릅니다. 같은 책을 여러 번 읽는 것은 그런 다름을 더욱 깊이 느끼게 합니다. 공자는 현재와 비교했을 때 책과 기계가 훨씬 부족한 시대에 살았지만, 지금도 많은 사람이 공자의 말과 글을 인용합니다. 공자의 멋진 말과 생각들은 단 한 번의 책 읽기 또는 천재성에서 만들어진 것일 수도 있겠지만, 한 권을 반복해서 깊이 있고 풍성하게 읽은 결과이기도 합니다.

셋째, '토론하며 읽기'입니다. 책을 많이 읽는 다독은 의미가 있습니다. 그러나 책을 단순히 처음부터 끝까지 다 읽었다는 사실은 큰 의미가 없을 수도 있습니다. 물론, 전혀 읽지 않는 것보다는 훨씬 나을 테지만요. 책은 읽는 시간만큼이나 그것을 소화하는 시간이 필요합니다. 책을 소화하고, 나에게 스며들게 하는 방법으로 '토론'이 있습니다. 이때의 토론은 거창한 것이 아니라, 생각과 느낌을 나눌 수 있는 모든 형태를 포함합니다.

토론이 병행된 책 읽기의 사례를 살펴볼까요? 공자와 제자들이 공부했던 시간을 한번 상상해보겠습니다. 공자는 동서고금을 통틀어 손꼽히는 성인(聖人)이니 얼마나 많은 공부를 했을까요? 공자가 공부를 많이 한 건 사실입니다. 그러나 비교해보면 공자가 활동하던 시기에는 지금만큼 책이 많고 다양하지 않았어요. 그런데도 공자가 멋진 선생님이자 훌륭한 학자, 명망 있는 정치가가 될 수 있었던 것은 그의 공부 방법에 있습니다. 앞서 언급했던 것처럼 공자는 많은 책을 읽고 공부했다기보다는 한 권을 깊이 있게 읽었습니다. 그리고 제자들과 공부할 때는, 깨달은 것을 일방적으로 가르쳐주기보다는 토론을 통해 배움을 나누고 의미를 풍성하게 만들었습니다.

다시 공자의 교실로 돌아가볼까요? 스승인 공자가 책에서 한 구절을 가져와 의미를 풀이하면, 제자들은 그에 대한 자기의 생각을 스스럼없이 말했습니다. 그렇게 각자 용감하게 자기의 생각을 말하고 나면 스승인 공자도 자신의 생각을 말했습니다. 배운 내용의 종류와 가짓수는 어쩌면 지금 우리가 받는 교육과 비교하면 훨씬 적었을 테지만, 스승의 설명을 듣고 각자 자기의 생각을 말하고, 다른 사람들의 말에 경청하는 자세는 독서의 내용보다 더 중요한 것을 가르쳐줍니다.

공자는 제자들과 공부할 때 모든 제자에게 의견을 물었습니다. 누군가 대답을 하면 다른 사람들은 귀 기울여 들었습니다. 공자가 누군가의 의견에 칭찬을 하는 경우도 있었지만, 우열을 나누지는 않았습니다. 그렇게 자유로운 토론이 이루어졌고, 제자들도 자연스럽게 공자에게 질문하고 의견을 물었습니다. 이때 공자는 우월한 위치에서 가르치는 사람의 자세가 아니라, 자유로운 인격체로 토론에 참여했습니다. 이렇게 자유로운 분위기이다 보니 상상력과 창의력도 샘솟았어요. 어떤 제자는 공자도 미처 생각하지 못한 대답을 하기도 했습니다. 그럴 때면 공자는 자존심 상해하지 않고, "네가 나를 깨닫게 했구나"라고 말하면서 크게 칭찬했습니다. 자유롭고 시로 존중하는 마음이 바탕이 된 토론은 우리의 내면을, 우리의 세계를 깊고 넓게 만들어줍니다.

독서리스트를 만들고 혼자 독서하고 독서일기를 쓰는 것도 좋지만, 두 권을 읽을 시간에 한 권의 책을 읽고 누군가와 생각과 느낌을 나누어보는 것은 어떨까요? 토론은 거창한 게 아닙니다. 학교나 학원에서 정해진 시간 안에 하는 것이 아니라, 누군가와 생각과 느낌을 나누는 것입니다. 서로 존중하는 마음만 있다면, 친구든 부모님이든 선배든 후배든 누구든 좋은 토론자가 될 수 있습니다. 그러다 보면 나이를 뛰어넘은 진짜 친구도 얻을 수 있겠지요.

책, 가장 가깝고 가장 먼
여행지로 떠나는 티켓

때로 우리는 책을 읽는 것과 지식의 습득을 같은 의미로 이해하곤 합니다. 그러다 보니 지식을 얻기 위해 굳이 책을 선택할 필요가 없다고 느끼기도 합니다. 스마트폰의 버튼을 누르기만 해도 새로운 정보들이 실시간으로 제공될 뿐만 아니라, 신선하고 편집이 잘된 영상이 여러분을 기다리고 있으니까요. 그런 면에서 보자면 책은 경쟁력이 떨어집니다.

그러나 책(종이책)은 여러분이 생각할 속도를 늦추어주고, 경험을 생생하고 구체적으로 만들어줍니다. 마치 텔레비전을 통해 여행지를 눈으로 보거나 여행 관련 책자를 읽는 것과 '진짜 여행'은 다른 것처럼요. 또한 책을 통해 생각할 속도를 늦추는 것은 남들보다 뒤떨어지는 것이 아니라, 생각의 두께가 생겨나고 생각의 넓이가 확장된다는 의미이기도 합니다.

책을 읽으며 깨달은 것들은 나에게 스며들어, 결국 내가 됩니다. 가장 먼 여행지는 구석기시대의 동굴이나 먼 미래일 수도 있고, 인간의 손길이 닿지 않은 오지도 있겠지요. 책은 이 모든 곳으로 여러분을 안내할 것입니다. 그리고 이 세상에서 가장 가깝고도 먼 여행지인 여러분의 마음속으로도요. 책은 구석기시대 동굴이든 먼 미래의 어느 순간이든, 여러분의 마음 깊은 곳이든 친절하게 안내해줄 거예요. 책과 함께 여행을 떠나볼까요?

제6장

역사

글쓴이_ **박상익**

우석대학교 명예교수(서양사)다. 동대학 인문사회과학대 학장을 지냈다. 종교·문학·역사
의 학제적 연구에 관심을 두고 저술과 번역에 힘쓰고 있다. 지은 책으로 『번역은 반역인
가』 『밀턴평전: 불굴의 이상주의자』 『나의 서양사편력 1, 2』 등이 있고, 옮긴 책으로 『호
메로스에서 돈키호테까지』 『의상철학』 『러셀의 시선으로 세계사를 즐기다』 등이 있다.

역사란
무엇인가

역사를 왜
배우는가?

추사 김정희는 학문의 근본을 '경경위사(經經緯史)'라고 말했습니다. 경서(經書)를 날줄(세로)로 삼고 역사를 씨줄(가로)로 삼는다는 의미입니다. 경서란 '삶의 이치와 원칙'이고 역사란 '삶의 구체적인 모습과 실제'를 말합니다. 옷감을 짤 때 날줄과 씨줄을 엮어짜듯이, 학문도 경서와 사서(史書)를 두 축으로 삼고 있다는 뜻입니다.

　　로마의 철학자 키케로(Cicero, 기원전 106~43)는 "역사란 인생의 교사"라고 말했습니다. "우리가 만일 태어나기 전에 일어난 일들을 알지 못하면 영원히 어린아이로 남아 있을 것"이라고도 말했습니다. 엄밀하게 말하면 역사를 알지 못한다면 인간은 어린아이가 아니라 동물적 상태로 남아 있을 것입니다. 오직 인간만이 태어나기 이전에 있었던 일을 부모나 교사를 통해 배우기 때문입니다.

한 가지 예를 들어보겠습니다. 역사를 깊이 공부한 스무 살 청년과 역사를 전혀 배우지 못한 여든 살 노인이 있다고 합시다. 스무 살 청년이 여든 살 노인보다 훨씬 어른스럽지 않을까요. "현명한 사람은 역사에서 배우고 바보는 경험에서 배운다"라는 말이 있습니다. 개인으로서 한 인간이 겪는 경험은 시간·공간적으로 극히 제한되어 있습니다. 반면에 집단으로서의 인류의 경험은 지극히 광범하고 다양합니다. 역사는 결국 인간의 집단적 경험의 복합체입니다. 그 안에는 개인이 경험하지 못한 많은 것들이 있습니다. 역사를 통해 우리는 자신의 경험 세계를 확대할 수 있습니다. 그러므로 역사 지식은 인간의 정신적 성장을 돕는 '인생의 교사'라고 말할 수 있습니다.

역사란 말의
뜻

우리가 일상생활에서 쓰는 '역사'란 말에는 두 가지 뜻이 담겨 있습니다. 첫째로 '과거에 일어난 모든 사건'을 뜻합니다. '과거로서의 역사'입니다. 이 경우 '역사'는 '과거'와 같은 의미로 쓰입니다. 예를 들면 "한국사에는 이순신, 세종대왕 같은 위대한 인물들이 있었다" 같은 경우입니다. 이때의 '역사'에는 현재까지 이르는 동안 일어났던 모든 사건과 인물 등이 포함됩니다. 지나간 사건 전부를 일컫는 것이니 그야말로 바닷가의 모래알처럼 수백만, 수천만, 아니 무한대의 사실로 이루어집니다.

둘째로 '기록으로서의 역사'가 있습니다. 무한대한 인간의 과거 사실 가운데 '중요하다고 여겨지는 사건들'을 선택해서 기록한 것입니다. '선택'의 과정이 개입되기에 당연히 기록한 사람(역사가)의 주관성이 배제될 수 없습니다. 선택하기 위해서는 탐구와 연구의 과정이 필요합니다. 이 경우 역사는 '탐구의 결과 얻어진 지식'이란 의미가 있습니다. 우리가 학교에서 배우는 역사는 물론 여기에 속합니다. 우리가 읽는 역사 교과서와 다양한 역사책도 이 두 번째 범주에 속합니다.

역사는 귀족, 지배자의
학문인가?

동서양을 막론하고 전통사회에서 역사는 왕족과 귀족을 위한 학문이었습니다. 동양에서는 제왕학(帝王學)이라 하여 역사를 군주가 될 사람에게 가르치는 전통이 있었습니다. 서양도 마찬가지입니다. 프랑스 가톨릭 주교이자 왕권신수설을 주장한 보쉬에(Bossuet, 1627~1704)는 "역사란 엘리트를 위한 지식이며, 장래의 지배자를 위한 신성한 학문"이라고 말했습니다. "역사는 결코 일반 백성이나 신하들의 학문이 아니라, 오직 군주의 통치를 위해 존립하는 학문"이라는 것입니다.

실제로 역사상 위대한 정치가·군주·군인들은 항상 역사서를 읽으면서 거기서 도움을 얻으려 했습니다. 예를 들면 알렉산더 대왕은 동방 원정 시 역사가 크세노폰(Xenophon)의 『아나바시스(Anabasis)』를 항상 지니고 다녔습니다. 프랑스혁명의 영웅 나폴레옹은 1799년 이집트 원정 시 다수의 문인 학자, 미술가, 과학자를 거느렸습니다. 이때 나폴레옹과 함께 갔던 학자 샹폴리옹이 저 유명한 로제타석(Rosetta Stone)을 발견했고, 그 덕분에 고고학에서 '이집트학'이란 분과가 성립되었습니다.

제2차 세계대전 당시 미군 기갑부대 지휘관으로 북아프리카

전투에서 독일군을 물리친 패튼(George Smith Patton, 1885~1945) 장군은, 시칠리아 상륙작전에 성공하고 이탈리아 반도를 공략할 때, 고대 로마 전쟁사의 지식을 교훈 삼아 작전에 활용한 것으로 유명합니다. 패튼은 기독교인이면서도 윤회와 전생을 믿었던 매우 특이한 군인입니다. 그는 자신이 트로이 목마를 건설하는 그리스인들과 함께 있었으며, 로마의 카이사르 밑에서 보병군단 사령관이었고, 제3차 십자군 원정에서 사자심왕(獅子心王) 리처드와 함께 싸웠으며, 나폴레옹 휘하의 사령관 중 하나였다고 말했습니다. 패튼의 윤회와 전생 주장은 물론 믿거나 말거나이지만, 그가 해박한 역사 지식을 바탕으로 전쟁에서 승리를 거뒀다는 사실만은 의문의 여지가 없습니다.

미국 대통령 우드로 윌슨(Thomas Woodrow Wilson, 1856~ 1924)은 제1차 세계대전 후 민족자결주의를 천명하여 한국의 3·1운동에도 영향을 준 정치인인데, 그는 원래 역사학 교수 출신이었습니다. 미국의 케네디 대통령의 고문 슐레진저(Arthur M. Shulesinger, Jr., 1917~2007) 역시 저명한 미국사 학자였습니다. 이 모든 사례는 역사 지식이 대통령, 장군 등 지배 엘리트에게 대단히 유용한 학문임을 잘 보여줍니다.

역사는 모든 학문
영역을 포괄한다

그러나 역사 지식은 정치가나 지배층만을 위한 학문은 아닙니다. 역사학은 폭넓은 계층의 사람들에게 유용한 지식과 지혜를 제공합니다. 예를 들면 프랑스의 사상가 장 보댕(Jean Bodin, 1530~1596)은 "역사란 인생의 교사"라는 키케로의 의견에 찬성하면서 역사 지식의 대중화를 주장했습니다. 역사학은 대중을 위한 학문이라는 뜻입니다.

실제로 역사학은 수많은 학문의 기초가 됩니다. 인문·사회과학은 물론, 자연과학 및 예술도 역사학을 바탕에 둘 때 온전하게 이해될 수 있습니다. 오늘날 대학에 설치된 거의 모든 학과에는 해당 전공 영역의 '역사'를 반드시 배우도록 하는 교과과정이 설계되어 있습니다.

예를 들면 정치학과에는 정치사, 경제학과에는 경제사, 철학과에는 철학사, 국문학과에는 국문학사, 영문학과에는 영문학사, 의과대학에는 의학사, 건축학과에는 건축사, 수학과에는 수학사, 화학과에는 화학사, 물리학과에는 물리학사, 외교학과에는 외교사, 음악대학에는 음악사, 미술대학에는 미술사 등이 반드시 개설되어 있습니다. 어떤 의미에서 역사학은 모든 학문을 빨아들이는 마법의 학문이기도 합니다. 최근 들어 학문 분과 간의 '융합'을 강조하는 분위기가 커지고 있지만, 역사학이야말로 통합 학문의 가능성을 가장 크게 열어두고 있습니다.

통합과 융합의 중요성을 말한 김에 세계사의 중요성도 강조하고 싶습니다. "단지 하나의 나라만 알고 있는 연구자는 하나의 나라도 모른다. 비교 과정이 없으면 어떤 움직임이나 행동 방식이 그 사회 특유의 것인지 보통의 것인지 알 도리가 없다. 오직 비교 분석을 거쳐야만 지리, 기후, 기술, 종교, 갈등 등등의 요인이 오늘날 세상에 나타나는 현상에 어떤 인과관계가 있는지를 가늠할 수 있다." 사회학자 세이무어 마틴 립셋(Seymour Martin Lipset, 1922~2006)의 말입니다. 한국 역사만 아는 사람은 한국 역사 하나마저 제대로 이해할 수 없게 된다는 뜻입니다. 눈을 크게 뜨고 넓게 세계를 봐야 한국 역사도 제대로 알 수 있습니다. '지구촌'이란 말이 나온 지도 꽤 오래되었지 않습니까.

역사학적
사고방식

역사학을 공부하면 역사학에 최적화된 사고방식이 형성됩니다.

역사학적 접근 방식의 본질은 '시간적 차원'에 있습니다. 시간에 대한 감각이 있기에 우리는 현재가 과거의 산물인 동시에, 발전 과정에서의 한순간임을 깨닫습니다. 또한 역사학적 접근 방식을 통해 우리는 지금 영원한 것처럼 보이는 것들이 장차 얼마나 덧없는 것이 될지 배웁니다. 역사학을 통해서 인생을 배울 수 있습니다.

상전벽해(桑田碧海)라는 말이 있습니다. 뽕나무밭이 변하여 푸른 바다가 된다는 뜻으로, 세상일의 변천이 심하다는 것을 비유적으로 이르는 말입니다. 과거 한 시기에 대단히 급진적이었던 사상이 오늘날에는 시대에 뒤떨어진 보수 이념으로 변하기도 합니다. 17세기 유럽의 공화주의(共和主義)를 예로 들 수 있습니다. 오늘의 우리는 공화정에 아무런 이질감을 느끼지 않습니다. 하지만 왕권신수설이 공공연히 주장되던 17세기 유럽에서 공화주의란 국왕 살해를 획책하던 반역자들의 급진 과격 사상이었습니다. 왕을 신의 대리인으로 간주하던 그 시절에 공화주의는 끔찍한 신성모독이기도 했습니다. 20세기 후반 냉전시대에 사회주의를 급진 과격 사상으로 낙인찍어 '빨갱이'라고 몰아붙이던 세태와 흡사합니다. 하지만 오늘날 미국에서 공화당은 오히려 보수 정당의 대명사입니다. 이미지의 180도 전환이 아닌가요.

1990년대에 철도청(지금의 한국철도공사)에서 추억 관광 상품으로 증기기관차를 운행하려 했습니다. 그러나 국내에 한 대도 남아 있지 않은 것을 확인하고, 중국에서 중고 기관차를 수입했습니다. 디젤기관차시대를 지나 KTX, SRT 등 고속열차가 대중화한 우리 시대에 증기기관차는 아득한 옛 시절을 일깨워주는 추억의 교통수단입니다.

나이 든 세대는 기억할 것입니다. 에어컨이 없던 그 시절, 여름철에는 열차의 객실 창문을 모두 열고 달렸습니다. 객실 천장에는 선풍기들이 빙글빙글 돌아가고 있었습니다. 창문을 연 채로 터널 몇 군데를 거쳐 목적지에 도착하면 코 밑이 새까맣게 돼 있곤 했습니다. 터널을 통과하면서 열차 객실로 유입된 석탄 연기 때문입니다. 연기를 뿜으며 칙칙폭폭 달리던 증기기관차는 이제 아련한 추억의 대상입니다. 한국철도공사 고객센터 대표번호 '1544-7788'도 '칙칙폭폭'에서 따왔습니다.

하지만 기차가 처음 등장한 19세기 유럽에선 반응이 사뭇 달랐습니다. 당시 사람들에게 증기기관차는 두려운 이미지였습니다. 시커먼 연기를 뿜고 괴성을 지르며 들판을 가로지르는 증기기관차는 '녹색의 정원'에 난입한 '악마'와도 같은 존재였습니다. 수천 년 동안 농경사회에서 살던 인류는 갑자기 밀어닥친 산업혁명과 공업화의 파도에 미처 적응할 겨를이 없었습니다. 이렇듯 200년 전만 해도 부정적인 이미지였던 증기기관차가 지금은 긍정적인 이미지로 변했습니다. 같은 사물에 대한 관점이 정반대로 바뀐 것입니다.

오늘날 너무도 당연시되는 사상이 수십·수백 년 전에는 경멸을 당하거나 공상적인 꿈에 불과했습니다. '가난은 나라님도 구제할 수 없다'라는 전통적 관념은 사회보장제도의 등장으로 옛말이 됐습니다. 오늘날 전 세계에서 민주주의는 인류가 추구하는 바람직한 정치체제로 여겨지고 있습니다. 하지만 민주주의가 이런 '긍정적인 이미지'를 얻게 된 것은 채 200년도 되지 않았습니다. 1850년 이전까지만 해도 서양에서 '민주주의'란 '폭도 지배(mob-rule)'와 동의어였습니다. 기원전 5세기 아테네에서 잠깐 전성기를 누렸던 '민주주의'는 그 후 2000년 넘도록 경멸적인 용어였습니다. 19세기 중반 이후 영국을 선두로 선거법 개정 운동이 본격화되면서 비로소 오늘날의 긍정적 개념이 자리를 잡게 되었습니다. 놀라운 변화입니다.

당대의 평가와
후대의 평가

영국 총리 글래드스턴(William Ewart Gladstone, 1809~1898)이 진

화생물학자 찰스 다윈(Charles Robert Darwin, 1809~1882)의 거처를 직접 방문한 일이 있습니다. 다윈의 학문적 업적에 경의를 표하기 위해서였습니다. 두 사람은 1809년생으로 동갑내기입니다. 하지만 글래드스턴이 누구인가요. 19세기 후반 영국 총리를 네 차례나 역임한 존경받는 정치인입니다. 당대 거물 정치인의 방문을 받은 다윈은 이렇게 소감을 남겼습니다. "그토록 위대한 인물의 방문을 받았다는 것은 얼마나 명예로운 일인가!"

그러나 20세기 영국 철학자 버트런드 러셀(Bertrand Russell, 1872~1970)은 두 사람의 만남을 새롭게 조명합니다. 그는 다윈이 글래드스턴의 방문을 받고 명예롭게 여겼다는 건 그의 겸손한 성품을 보여주는 것이지만, 동시에 그것은 다윈에게 '역사적 시야'가 없었음을 드러내준다고 살짝 꼬집습니다.

다시 말해 당대의 시각으로 보면 다윈이 명예롭게 여기는 게 맞을지 모르나 긴 역사의 흐름 속에서 바라본다면 영광스럽게 생각해야 할 사람은 다윈이 아니라 오히려 글래드스턴이라는 것입니다. 후대에 미친 영향력과 역사적 중요성이란 점에서 다윈은 글래드스턴을 훨씬 능가하기 때문입니다. 당장 길에 나가 중학생 아무나 붙들고 물어보길 바랍니다. 글래드스턴이 누군지 아느냐고. 아마 아는 사람이 거의 없을 것입니다. 하지만 정상적 학교 교육을 받은 학생이라면 누구도 다윈을 모른다고 하시 않을 것입니다.

다윈의 할아버지와 아버지는 영국에서 손꼽히는 명의(名醫)였습니다. 특히 할아버지는 국왕 조지 3세가 주치의를 맡아달라고 부탁할 정도로 뛰어난 의사였습니다. 그러나 이렇듯 저명한 의사 집안에서 태어난 다윈은 학창시절 공부에 별 관심이 없었습니다. 다윈의 아버지는 아들에게 이렇게 쌀쌀맞게 말하곤 했습니다. "너는 사냥과 개 경주와 쥐 잡기 말고는 관심이 없구나. 그러다간 너 자신과 가문의 명예에 먹칠하겠구나." 당연히 가업인 의학에도 소질을 보이지 않았습니다.

아버지는 하는 수 없이 '가문에서 가장 아둔한 아들'을 교회에 보내던 당시 영국사회의 관습을 따르기로 했습니다. 그래서 다윈은 성직자가 되기 위해 1827년 케임브리지대학에 입학합니다. 이렇듯 어린 시절 열등생 소리를 듣던 다윈은 섭리라고밖에 할 수 없는 우연에 의해 해양탐사 측량선 '비글호'에 승선하면서 학자의 길을 걷기 시작합니다(다윈 자신을 위해서나 인류를 위해서나 의사가 되지 않은 게 얼마나 다행스러운 일인가요!).

다윈과 글래드스턴의 경우에서 보듯이 언론을 뜨겁게 달구는 당대의 정치적 사건들은 그것들이 갖는 '역사적 중요성'에 비해 과분한 평가를 받는 경우가 많습니다. 유럽사에서 17세기를 뒤흔든 가장 큰 사건은 '30년 전쟁'(1618~1648)이었습니다. 유럽 모든 국가가 가톨릭과 프로테스탄트 진영으로 나뉘어 격렬히 싸우던 이 시대는 또한 과학자 갈릴레이(Galileo Galilei, 1564~1642)가 지동설을 주장하던 시기이기도 했습니다. 동시대 사람들은 어느 쪽이 더 중요하다고 보았을까요? 당연히 30년 전쟁이었습니다. 그러나 역사의 평가는 어떨까요. 압도적으로 갈릴레이에게 더 큰 비중을 둡니다.

철인 소크라테스(Socrates, 기원전 470~399?)의 죽음도 같은 맥락에서 볼 수 있습니다. 당대의 아테네인은 소크라테스의 위대성을 알아볼 수 없었습니다. 그들은 소크라테스를 당시 아테네사회에서 물의를 일으키던 수많은 소피스트 가운데 한 명으로 간주했습니다. 2500년이 지난 우리 눈에는 소피스트와 소크라테스의 차이가 분명히 보이지만 당시 사람들에게는 그게 어려웠습니다. 우리는 숲을 볼 수 있지만, 그들에겐 나무만 보일 뿐이었습니다.

연일 매스컴의 이슈로 주목받는 '현실 정치'가 역사의 흐름을 온통 좌지우지하는 것처럼 보일 때가 있습니다. 그러나 러셀의 '역사적 시야'로 보면 역사의 원동력은 다른 데 있을지 모릅니다. 100년, 500년 뒤에는 내로라하는 정계 거물들의 이름은 존재감이 없어지고, 한적한 실험실에서 연구에 몰두하는 어느 과학자의 이름만이 기억될지 모릅니다. 눈에 보이는 게 전부가 아닙니다. 역사를 읽으며 '더 중요한 것', '더 가치 있는 것'이 무엇인지 분별하는 시혜를 키워야 합니다.

변화를 읽지
못하면

영국의 동화 작가 루이스 캐럴(Lewis Carrol, 1832~1898)의 『이상한 나라의 앨리스』를 읽어본 독자라면 첫머리에 등장하는 하얀 토끼를 기억할 것입니다. 조끼를 입고 회중시계를 든 이 토끼는 연방 "큰일 났군, 아무래도 약속 시간에 늦겠어", "아이참, 늦어서 어쩌지?" 하고 조바심을 칩니다.

기계식 시계는 유럽에서 1300년경 발명됐습니다. 처음 나왔을 때는 너무 비싸서 일반인이 구매하기 힘들었습니다. 하지만 1650년 이후 값이 저렴해지면서 유럽의 모든 가정에 비치되다시피 했습니다. 가정마다 비치된 시계는 신기한 기계장치의 표본 역할을 톡톡히 했습니다.

디지털시계가 나오기 전, 어린이들은 집 안에 있는 기계식 시계를 뜯어보다가 망가뜨린 경험이 한 번쯤 있었습니다. 당연히 부모님의 꾸중이 뒤따르지만, 이런 경험들은 기계 구조에 대한 이해를 드높이는 계기가 되었습니다. 실제로 유럽에서 18세기에 계몽사상이 유포되면서 이른바 '기계론적 세계관'이 확산했을 때 유럽인은 물리적 우주를 기계식 시계에 견주어 이해하기도 했다.

시계가 등장하기 전까지 시간은 고무줄처럼 신축적이었습니다. 사람들은 해가 뜨면 일어나고 해가 지면 일을 마치고 집에 들어가는 생활을 했습니다. 특히 농촌에서는 계절에 따라 업무 시간의 길이가 달랐습니다. 그야말로 '배꼽시계'였습니다. 시계는 밤낮의 구분 없이 규칙적인 시간을 알려주기 시작했습니다. 그 결과 시계는 전에 없이 정확하게 사람들의 작업 활동을 규제했습니다. 사람들은 '정시'에 작업을 시작하고 끝내야 했으며, 많은 사람이 '시간이 돈'이라고 생각하게 됐습니다. 시간 엄수에 대한 강조는 효율성을 높였지만 동시에 새로운 긴장을 초래하기도 했습니다. 『이상한 나라의 앨리스』의 하얀 토끼는 시간 약속에 집착하던 19세기 서유럽인의 특징을 상징적으로 보여주고 있습니다.

시계산업 하면 스위스를 떠올리던 때가 있었습니다. 사실 1968년에 스위스는 전 세계 손목시계 시장에서 매출의 65퍼센트와 이익의 80~90퍼센트를 차지했습니다. 그러나 그로부터 10년이 지난 후 스위스의 시장 점유율과 순이익은 모두 20퍼센트로 떨어졌습니다. 1968년 당시 일본은 손목시계 시장에서 점유율이 전혀 없었지만 10년 뒤에는 정상의 자리에 올랐습니다. 어떻게 이런 놀라운 일이 일어날 수 있었을까요. 기계식 시계보다 1000배나 정밀한 쿼츠(수정진동자) 시계 때문이었습니다.

놀라운 것은 이 획기적인 발명품인 쿼츠 시계의 발명자가 스위스 사람이었다는 사실입니다. 하지만 그 발명자기 1968년에 새로운 시계를 소개했을 때 스위스의 주요 시계 제조사들은 거들 떠보지도 않았습니다. 시계산업을 주무르던 기업인들은 그 아이 디어를 대수롭지 않게 여겼기에 특허권으로 아이디어를 보호하는 일마저 귀찮게 여겼습니다. 이 새로운 발명품에 관심을 보인 두 회사가 있었습니다. 일본의 세이코와 미국의 텍사스 인스트루 먼츠였습니다. 그 후 수만 명의 스위스 시계 기술자들이 해고당하는 신세가 됐습니다.

스위스 시계산업의 구세주로 불리는 니컬러스 하이에크(Nicolas George Hayek, 1928~2010)가 등장한 것은 이 무렵이었습니다. 경영 컨설턴트였던 그는 스위스 시계산업이 어려움에 부닥쳤던 1984 년 스위스 대형 시계회사인 SMH의 주식 51퍼센트를 사들이면서 시계산업에 뛰어들었습니다. 그가 경영권을 맡은 후 SMH는 저렴 한 플라스틱 시곗줄과 쿼츠 방식, 대량생산 체계를 도입했고 회사 이름도 스와치 그룹으로 바꿨습니다. 그의 도전은 큰 성공을 거둬 스와치 시계는 세계적인 명성을 얻게 됐고 스위스 시계산업은 다 시 황금기를 맞았습니다. 그는 2010년 심장마비로 타계했습니다. 82세였습니다.

역전과 재역전의 롤러코스터를 탔던 스위스 시계산업입니다. 어디 시계뿐이겠습니까. 변화를 읽지 못하면 개인이건 국가 건 기업이건 미래는 없습니다. 역사의 엄중한 교훈입니다.

제7장

사람

글쓴이_ **양해림**

독일 베를린 훔볼트대학교 철학박사로 현재 충남대학교 인문대학 철학과 교수로 재직 중이다. 대전광역시 인권위원회 위원장(2기, 4기:대전시장 인권증진 표창패 2020), 국가인권 위원회 위원장(2022년 대한민국 인권상), 민주화를 위한 전국교수협의회(민교협) 공동의장 을 역임했다. 지은 책으로 『딜타이와 해석학적 사회체계』 『인권과 사회(개정증보)』 등이 있고, 「니체와 트랜스휴먼」 등 100여 편의 논문을 발표했다.

인권은
왜 필요한가

인간의 존엄성이란
무엇일까?

지난 1960년대 중반 인도에서는 공산주의를 탄압하는 과정에서 50만 명이 넘는 민간인이 학살되었습니다. 캄보디아에서는 폴 포트(Pol Pot)가 이끄는 크메르 루주(Khmer Rouge) 정권에 의해 학살된 사람의 수가 적게는 30만, 많게는 200만 명에 이르는 것으로 추정했습니다. 1970년대 말 아르헨티나 군사정부 아래서는 9,000명 이상이 실종되었습니다. 우간다에서는 이디 아민이 집권한 1972~1978년까지 25만 명 넘게 살해되었습니다. 이라크에서는 1980년대부터 10년간 수십만의 민간인이 보안군에 의해 살해되었습니다. 엘살바도르에서는 1980년부터 1992년까지 계속된 내전으로 인해 전체 인구의 약 2퍼센트가 정치적 살인을 당했다고 추정됩니다. 르완다에서는 1994년 한 해 동안 50만 명에서 100여만 명이 정부의 지시에 의해 살해되었습니다. 1980년대 전두환 군사정부에 항쟁한 5·18 광주항쟁 사망자는 모두 606명으로 추정됩니다. 이 가운데 165명은 항쟁 당시 숨졌고, 행방불명이 65명, 사망 추정자는 376명입니다. 이것이 전부가 아닙니다. 보스니아, 체첸, 동티모르 등 세계 곳곳에서 이와 비슷한 일들이 벌어졌습니다. 인권(人權, human rights)은 이러한 사건들에서 어떻게 생각할 것인지에 대한 방법을 제시해주는 개념입니다. 그래서 인권의 근원은 다음과 같은 관점에서 대답할 필요가 있습니다.

첫째, 우리에게 인권이 왜 있는가? 둘째, 우리에게서 인권이 왜 있어야만 하는가? 그 밖의 다른 철학적 혹은 인문학적 질문이 있습니다. 인권이 다른 가치들과 어떤 관계를 갖고 있는가? 이러한 물음은 인권의 개념을 좀 더 세밀하게 분석하는 데서부터 출발합니다. 인권은 이러한 세밀한 개념분석을 통해 이해하는 것을 목적으로 합니다.

더 나아가 공권력과 인격, 폭력과 평화와 같은 내용들을 되새기면서 인권에 대한 근원적 물음을 제기해야 합니다. 인간이 존재 차원에서 인간 외의 존재자들과 본질적으로 다른 점은 무엇인가? 인간은 자신의 존재만으로 가늠하기 곤란한 본유의 권리를 지니고 있다는 존엄 의식은 무엇인가? 우리 인간이 인간으로서 지녀야 할 권리로서의 인권이란 무엇인가?

먼저 인권은 사람다움이란 무엇인가? 하는 물음에서 출발합니다. 사람답게 산다는 것은 어떤 삶을 말하는 것일까요? 물론 이 물음은 쉽게 정의할 수 있는 것은 아닙니다. 하지만 '사람답게 산다'는 것의 기준은 시대에 따라 각기 다릅니다. 예컨대 현대사회에서 사람답게 살기 위해 기초적인 교육을 받아야 하며, 우리나라는 초중학교까지 의무교육을 실시하고 있습니다. 교육은 사람답게 살기 위해 보장받아야 할 하나의 권리이며, 국가는 그 권리를 보장하고 이행하는 주체입니다. 사람이 사람답게 살기 위해 보장되어야 하는 당연한 권리가 인권이며 인문학적 사유입니다. 사람과 사람다움에 대한 이야기가 곧 인권입니다. 그래서 사람과 사람다움에 대한 탐구는 인문학적 작업과 밀접한 관계를 맺습니다. 인권이란 어느 사회에서든지 존엄성을 지닌 인간으로서 누구든 갖고 있는 기본적인 권리를 말합니다. 모든 인간은 존엄합니다. 인간이 존엄하다 함의 의미는, 인간은 그 자체 목적으로서 존재하며 어떠한 경우나 타인이나 다른 목적을 위한 수단으로 여겨서는 안 된다는 것을 뜻합니다. 즉 모든 사람은 누구나 다 똑같고 사람이라면, 당연히 인간으로서의 기본적인 권리를 갖고 있습니다. 인간의 존엄성(Human dignity)은 인류에 속하는 모든 구성원에게 인정되어야 합니다. 왜냐하면 인격체로서의 인간은 생물학적 인간이라는 존재와 구별할 수 없으며, 인간 존엄성은 각 개인의 질적인 결정에 의존해서는 안 되기 때문입니다. 독일의 현대 철학자 비른바흐(Dieter Birnbach)는 인간의 존엄성을 두 가지로 설명한 바 있습니다. 첫째, 인간의 존엄성은 구체적 개인의 존엄성을 존중함을 뜻합니다. 둘째, 인간을 다른 생물학적 종으로부터 현저하게 구별해주는 점을 존중함을 의미합니다. 인간의 존엄성은 업적이나 지위, 명예를 근거로 하지도 않으며 단지 인간이라면 누구에게든 주어지는 개인의 존엄성을 의미하며 어느 누구에게도 양도할 수 없는 것입니다. 따라서 인간의 기본적 권리는 법률상으로도 성별·인종별·계급별·문화적 차별, 사회적 출신에 따른 차별을 받지 아니하며 개인이나 사회에서 자유·평등·평화·정의를 구현하는 데 일차적으로 존중되어야 하는 전제조건입니다. 예컨대 '어린이·청소년의 권리에 관한 국제 협약'에서는 어린이·청소년들도 자유로운 자기표현과 참여가 보장되는 자유권적 권리, 자문화를 향유할 수 있는 문화권, 교육의 기본권 그리고 적절한 사회보장을 받을 권리 등 기본적 권리를 가진 인격체로 보아야 함을 강조하고 있습니다. 인권이란 '사람이면 누구나 누릴 수 있는 권리, 사람이기 때문에 으레 갖고 있는 권리, 사람끼리 공동체의 일원으로서 고르게 행복하게 살 권리'입니다. 따라서 인권은 모든 사람이 인간다운 삶을 위하여 인간인 이상 누구나 갖는다고 추정되는 권리입니다.

인권이란 개념은
언제부터 사용했을까?

인권이란 무엇일까요? 인권은 말 그대로 인간으로서의 권리입니다. 영어에서 'right'는 원래 도덕적으로 올바른 것, 합리적인 것, 정당한 것이라는 의미도 포함합니다. 이러한 인권은 한자어 '人權'을 한국어로 표기한 것입니다. 서양에서 들어온 용어인 권리나 의무는 중국에서 먼저 번역하여 사용한 것입니다. 그렇지만 인권은 중국보다 일본에서 먼저 사용한 것으로 추측됩니다. 일본의 미스쿠리 린쇼는 프랑스어로 '민법적'의 'drot civil'을 민권이라 번역하였습니다. 그리고 이 용어는 1874년 '사가의 난' 때 돌았던 격문에서 인민의 권리라는 의미로 사용하였습니다. 중국에서는 1890년대에 량치차오가 '민권'이란 용어를 처음으로 사용했습니다. 이때까지만 해도 인권이란 용어는 등장하지 않았습니다. 일본 개화기의 계몽사상가였던 후구자와 유키지가 미국 '독립선

언문'을 번역하면서 인권이란 조어(造語)를 떠올렸을 것이라 추측합니다. 1945년에 발표된 포츠담선언 제10항의 "fundamental human rights"를 기본적 인권이라 번역하였습니다. 이 새로운 용어는 1946년 11월에 공포한 일본 헌법에 그대로 사용되었습니다. 이에 앞서 "human rights"라는 표현은 1941년 미국의 프랭클린 루스벨트 대통령이 의회에 보낸 연두 교서에서도 등장합니다. 인권은 영어의 'human rights'를 번역하면서 만들어낸 용어입니다. 영어권에서는 'rights of man'이란 용어를 사용했는데. man이란 단어가 마치 여성을 배제하거나 소홀히 여기는 것 같은 오해를 불러일으킬 수 있다는 반론 때문에 'human rights'로 바꾸었습니다. 'rights of man'은 프랑스어 'droits de l'homme'를 영어로 번역한 것입니다. 물론 'droits de l'homme'는 프랑스혁명과 함께 공포된 "1789년 8월 26일의 l'homme"는 '인간과 시민의 권리 선언'에 등장합니다. 혁명을 맞은 프랑스와 미국에서 인간의 권리란 표현을 쓰기 이전에는 주로 자연권(natural rights)이란 용어를 사용했습니다. 이 자연권은 자연법사상에 근거하고, 독일에서도 인권을 'Menschenrechte'라 표기하기 이전에는 'Rechte der Menschheit'로 썼는데, 이미 1784년에 그렇게 쓰인 예가 있습니다.

그래서 인권의 개념은 인간이 태어날 때부터 부여받은 절대권으로서 전통적인 자연권의 개념에 그 유래를 둡니다. 자연권의 개념은 그 자체로 완결된 것이 아니라 선행하는 자연법의 전통과 연관되어 있습니다. 근대 자연법사상은 네덜란드 법학자 그로티우스(Hugo Grotius, 1583~1645)를 효시로 하여 대륙의 자연법사상과 홉스(Thomas Hobbes, 1588~1679)를 거쳐 로크(John Locke, 1632~1704), 몽테스키외(Baron de La Bréde et de Montesquieu, 1689~1755), 루소(Jean-Jacques Rousseau, 1712~1778), 칸트(Immanual Kant, 1724~1804), 마르크스(Karl Marx, 1818~1883)와 같은 철학자나 계몽사상가의 영향으로 사회 계약설을 흡수하고 자유주의 사상과 결합하면서 근대 국가를 형성하는 데 기여했습니다. 자유주의적 사상과 결합한 인권개념의 핵심적 가치는 '자유롭고 평등한 인간'입니다. 근대 자유주의적 인권개념의 제1세대라고 할 수 있는 홉스, 로크, 몽테스키외 같은 철학자들은 자연권적인 권리로서 자유주의적 인권론을 주장합니다. 서구에서 출발한 근대 자유주의 인권개념은 자연법사상에 근거하여 개인이 출생과 동시에 부여받은 권리이며 남에게 양도하거나 포기할 수 없는 권리로서 인식됩니다. 하지만 데카르트, 스피노자 등 대륙의 자연법사상은 체제비판의 시각이 여전히 결여되어 있었습니다. 지금도 자연권을 자연법으로 유추하는 것이 타당한지에 대한 여부는 이론(異論)의 여지가 있습니다. 사인법 전통에는 어떤 누구도 거역할 수 없는 인류 보편의 상위질서 관념이 드리워져 있습니다. 자연권은 자연법 질서를 전제로 출발합니다. 그래서 자연권 사상은 자연법의 전통 속에 함축되어 있습니다. 즉 자연권은 인권의 보편화된 개념 형태인 권리개념의 역사적 기원에서 찾아볼 수 있습니다. 이러한 인권개념은 권리개념을 거쳐 로마법 전통의 올바름 혹은 정의(justice)를 의미하는 법, 권리개념에 어원적인 뿌리를 두고 있습니다. 인권의 개념을 논하는 것은 지극히 다의적이고 그다지 쉽지 않습니다. 그 이유는 인권의 범위가 점차 확대 및 심화되어가고 있기 때문입니다. 이러한 이유로 유엔 차원에서도 인권의 개념 규정을 내리지 않고 있습니다.

근대에 들어 인권이라는 용어는 영국의 정치사상가 토머스 페인(Thmos Paine, 1737~1809)의 『인간의 권리(Rights of Man)』(1791)에서 처음 쓰였습니다. 원래 이 저서는 에드먼트 버크(Edmund Burke, 1729~1797)의 『프랑스혁명에 대한 성찰(Reflections on the Revolution in France)』(1970)에 자극받아 등장합니다. 이 책에서 페인은 버크의 보수주의 이론을 반박하여 기존의 전통이 아니라 이성이 사회 헌법의 기초가 되어야 한다고 주장합니다. 페인은 버크를 신랄하게 비난한 이유는, 특히 버크가 바스티유 감옥에서 고통받던 이들에게 냉담했고 비참한 현실에 무심했기 때문입니다. 타인의 고통에 대한 연민과 함께 정부가 개인의 자유권을 침해하는 수단을 동원할 때 그것을 불의로 느끼는 감각이 있어야 한다는 것입니다. 죽은 사람이 아니라 살아 있는 사람이 문제이며 이성은 모든 사람에게 자연권이 있다는 사실을 명시해준다는 것이었습니다. 그래서 페인은 "권리의 선언은 동시에 의무의 선언이다. 나의 권리는 타인의 권리이기도 하다"라는 명제를 선언했습니다. 여기서 인간의 권리라는 용어는 프랑스 인권선언 원문에 나타나 있는 자연권(droit natural)에 대한 번역어입니다. 오늘날 즐겨 쓰이는 'human rights'는 19세기 중반 소로(Henry David Thoreau, 1817~1862)가 『시민의 불복종』(1849)에서 처음 사용했습니다. 즉 그는 "자신의 양심을 갖는 것은 자신의 양심을 입법자에게 결코 맡겨서는 안 된다"고 말한다. 즉 법에 대한 존경심은 옳음에 대한 존경심에 비할 수 없다. "나의 책무는 언제든지 내가 옳다고 생각하는 것을 행하는 것이다"라는 문구로 시민 불복종을 표현했습니다. 소로에 따르면 우리는 법률이 지시하는 대로가 아니라 우리의 양심이 일러주는 대로, 우리가 마땅히 해야 한다고 자율적으로 결정하는 대로, 행위해야 합니다. 우리가 옳다고 생각하는 것과 우리가 그르다고 생각하는 일 가운데 어떤 일을 선택해야만 한다면, 우리가 옳다고 생각하는 일을 마땅히 해야 합니다. 하지만 여기서 중요한 것은 우리가 옳다고 생각하는 일을 마땅히 해야 한다는 것이 아니라, 무엇이 옳은지를 어떻게 결정해야 하는가에 있습니다. 제2차 세계대전 이후 국제법 사상 최초로 유엔헌장 전문에 '기본인권(fundamental human rights)'이라는 말이 등장하면서 인권은 자리매김했습니다. 따라서 인권은 국제법과 지역협정의 주요 구성성분으로서 제2차 세계대전 이후 그 위상이 올라갔습니다. 하지만 인권이 법적인 권리로 환원될 수 없다는 사실은 여전히 해결해야 할 과제로 남아 있습니다.

그러나 일반적으로 '인권'은 "사람이 사람답게 살기 위하여 당연히 인정되지 않으면 안 될 권리"입니다. 인권은 "인간이기 때문에 당연히 가져야 하는 권리로서 인간의 존엄성을 보장받을 권리", 즉 인간 스스로 기본적 자유의 중심적인 주체임을 의미합니다. 이러한 권리는 "천부적(天賦的)인 것"이며 절대 포기되거나, 타인에 의해 침해받을 수 없는 권리입니다. 또한 "인권의 존엄성을 보장받을 권리는 국가나 실정법에 의해 부여된 것이 아니라 인간이기 때문에 인정되는 모든 인간의 생득적(生得的)이고 절대적인 기본권"으로 이해됩니다. 결국 인권이란 "모든 사람이 인간다운 삶을 위하여 인간인 이상 누구나 갖는다고 추정되는 권리"라고 할 수 있습니다. 이러한 정의는 인권의 의미를 매우 간략히 표현한 것임에도 불구하고 많은 내용을 함축하고 있습니다.

인권은
왜 필요할까?

그러면 인권은 왜 필요할까요? 그리고 왜 인권이어야 할까요? 이러한 질문에 답하는 형식은 크게 두 가지 이론으로 발전되어왔습니다. 첫째, 인권이 인간의 자유를 위해 반드시 필요하다고 보는 견해입니다. 왜냐하면 인간에게는 자유를 추구하는 성향이 있으며, 자유가 있어야만 자신이 원하는 바를 선택할 수 있고, 자기 뜻대로 행동하면서 살 수 있기 때문입니다. 이는 자유의지론, 또는 의지이론이라고도 부릅니다. 둘째, 인권이 인간의 본질적 이익을 보호하기 위해서 반드시 필요하다고 보는 견해입니다. 여기서 이익이란 물질적 이익만이 아니라 인간의 행복, 복리, 웰빙에 필요한 모든 유형·무형, 생물학적, 사회적 이익을 뜻합니다. 인간의 본질적 이익은 생명을 보전할 수 있는 안전, 기본적인 신체적 욕구, 함부로 구속되거나 고문당하지 않을 권리 등으로 광범하게 규정합니다. 이 두 이론 가운데서 오늘날 인권은 후자가 조금 더 지지를 받고 있지만, 모두 어느 것 하나 무시할 수 없는 소중한 견해를 담고 있습니다.

1948년 세계 인권선언을 제정하는 데 주도적 역할을 했던 엘리너 루스벨트 여사(미국 대통령이었던 프랭클린 루스벨트의 부인)는 지역 단위에서 인권이 보장되어야 하는 이유를 다음과 같이 설명한 바 있습니다. "결국 보편적인 인권이 어디에서 시작됩니까? 집 가까운 작은 장소에서입니다. 집에서 너무 가깝고, 너무 작아서 어떤 세계 지도에서도 찾을 수 없는 곳입니다. 그러나 작은 장소는 각 개인들이 사는 세상입니다. 그가 사는 동네이고, 그가 다니는 학교이고, 그가 일하는 공장, 농장, 사무실입니다. 이곳이 바로 모든 남성, 여성, 어린이가 차별 없이 평등한 정의, 평등한 기회, 평등한 존엄성을 누리는 곳입니다. 이런 권리들이 작은 장소에서는 의미가 없다면, 다른 모든 곳에서도 의미가 없을 것입니다. 집 가까이에서 이런 권리들을 지키기 위해 함께하는 시민들의 행동이 없다면, 우리가 더 넓은 세상에서 진보를 구하는 것은 헛된 것이 될 것입니다."

따라서 보편적 인권을 어떻게 적용할 것인가에 대한 시점은 개인이 속한 주변 환경입니다. 먼저 개인, 지역사회, 국가의 인권 문제를 근본적으로 이해하여 폭넓은 범위의 인권 문제를 이해하는 출발점이 돼야 할 것입니다.

인권교육은
왜 필요할까?

그러면 자라나는 어린아이, 청소년 및 대학생, 그리고 일반 시민의 인권교육은 어떻게 하는 것이 바람직할까요? 인권교육이란 모든 사회 구성원을 교육하고 그들에게 인권 관련 정보를 확산시키는 종합적인 노력을 말합니다. 즉 다양한 사회에서 보편적인 인권 문화가 자유롭게 발달될 수 있게 하기 위해서 맞춤형 교육을 통해 지식을 함양하고 바람직한 태도를 형성해 올바르게 행동할 수 있게 하는 것입니다. 이는 인권에 대한(about), 인권을 위한(for), 인권의(of) 교육을 말합니다. 예컨대 인권이란 무엇인가에 대한 지식을 가르치고 이에 따라 책임과 의무가 무엇인지를 가르치는 것에서부터 어떻게 권리를 보호하고 예방하며 비폭력적 인권 문화를 중진하게 할 것인가를 가르침으로써 개인과 사회를 변혁시키는 종합적인 교육을 의미합니다.

인권교육은 첫째, 사회적 약자의 입장에서 인권에 대한 보편적 열망을 인식시키고, 둘째 인권침해 사안을 비판적으로 인식해 이에 대한 개선을 위한 사회적 행동을 되돌아보게 함으로써 인류의 공평하고 정의로운 인권을 지킬 수 있는 열정을 지니게 하여 이에 필요한 지식과 가지 교육을 행하는 것을 말합니다. 따라서 종합적인 인권교육 실행을 위해 다양한 인권교육 기법을 개발하고 이에 따라 교육자들을 재훈련시키는 것은 인권교육의 진흥을 위해 불가피합니다. 유엔의 정의에 따르면, 인권교육은 인간의 기본적 자유에 대한 존중의 강화, 인간의 인성과 그 고유한 존엄성의 완전한 개발, 모든 국가·민족·원주민 그리고 인종·국가·민족, 종교·언어 집단 간의 이해·관용·성별 평등, 그리고 우호의 증진, 자유로운 사회에 모든 인간이 효과적으로 참여할 수 있도록 평화 유지를 위한 유엔 활동을 촉진하는 태도를 만들어낼 수 있어야 합니다. 이와 관련된 인권교육의 지식과 기술을 알리는 것을 통해 보편적 인권 문화를 건설하는 것을 목표로 하여 인권교육의 증진, 보급 확산하는 교육적 노력을 해야 합니다. 하지만 인권교육이 단순히 지식의 차원이 아니라 한 사회 성원의 가치와 태도, 신념을 형성해야 합니다. 또한 인권을 기반으로 각 개인의 적극적 행동을 이끌어내서 새로운 차원의 인권에 대한 학습 기법을 포괄해야 합니다.

인권교육의 목표는 인권에 대한 인식을 드높이는 속에서 자연스러운 자기 변화를 꾀하는 것입니다. 이런 교육의 결과는 언제나 구체적인 행동의 변화를 요구하고 있다는 점에서 다른 영역의 교육과 차이가 있습니다. 통상적 정의에 따르면, 인권은 인간이 단지 인간이기 때문에 어떤 차별도 없이 갖게 되는 것으로, 태어날 때부터 갖고 있는 것이며 어느 누구와도 바꿀 수 없는 보편적 권리입니다. 인권이란 인간다운 삶을 영위하기 위해 인간이 가지는 최소한의 기본적 권리로서 국가의 헌법으로 보장되며 일반 법률에 우선하는 권리를 말합니다. 요즈음 날로 심각해지는 학교 폭력, 따돌림 등 청소년들의 학생 생활의 문제점은 결국 자신의 인권이 소중함을 모르는 학생이 타인의 인권을 존중하지 않는 데서 발생하는 현상이라고 할 수 있습니다. 이러한 문제점을 해결하기 위해 가장 기본적인 인권 갈등 해결의 출발은 인권 문화를 정착시키는 것입니다. 우리나라 헌법 제10조에는 "국가는 개인이 가져야 하는 불가침의 기본적 인권을 확인하고 이를 보장할 의무를 진다"고 규정하고 있습니다. 인권은 인간다운 삶을 살아가기 위해 반드시 보장되어야 할 보편적 원리입니다. 오늘날 인간다운 삶을 위해 적어도 인권이 보장되는 삶이어야 하는 것입니다. 우리의 인권은 참된 인간으로 눈을 떠서 인간답게 살아가는 인류 역사의 전진 속에서 사상적, 제도적 의의를 찾을 수 있습니다. 특히 인권교육은 일상사에서 일어나고 있는 인권침해 사례들을 중심으로 보다 현장감 있게 다가가는 데 그 목적이 있습니다.

인권 의식은
어떻게 출발했을까?

인간의 오랜 역사는 인권과 법의 역사인 동시에 분배의 역사입니다. 인간은 삶을 살아가기 위해 생산이 필요해지면서 각자의 소질에 맡는 분업이 발전하였고 사회가 복잡해짐에 따라 생산물의 분배가 한층 어렵게 되면서 계층, 계급 간에 갈등의 원인이 되었습니다. 생산과 분배가 경제 외적인 정치권력에 의해 행해지던 봉건제 말기(절대왕정)에 생산과 분배를 둘러싼 갈등이 시민혁명의 형태로 거세게 분출되었습니다. 우리가 먹기 위한 생산의 수단과 생산물에 대한 소유관계를 확립하기 위해 나타난 것이 시민혁명입니다. 이러한 소유권을 법적으로 인정받으려 한 것이 인권의 기원이며 인권과 법이 상호 관계를 맺게 된 계기입니다. 인권개념의 출현에는 서구 봉건사회의 몰락과 근대 자본주의사회의 형성이라는 역사적 측면과 함께 인간의 해방이라는 보편적 사상의 발전이 결합되어 있습니다. 인권은 근대 시민사회의 출현에 큰 영향을 미치면서 봉건제도를 타도했던 근대 시민혁명의 이론이었으며 근대적인 인권보장을 정당화하기 위한 이론이었습니다. 그 당시 국가권력은 존재 이유를 생명, 자유, 재산에서 찾았고, 그것들을 침해할 경우 정부에게 시민의 저항권을 주었습니다. 1776년 버지니아 인권선언이 그 선구가 되었고, 1789년 프랑스혁명과 유럽 각국의 헌법에 인권조항이 명시되는 데 초석을 다졌습니다. 점차 인권은 민주주의의 투쟁, 즉 불평등 문제, 노동자 계급의 사회권 투쟁으로 발전하였습니다.

마르크스가 지적했듯이, 인권은 저절로 얻어진 것이 아니라 오랜 투쟁의 산물입니다. 오랜 투쟁으로 인해 정치적 해방을 가능하게 했지만, 경제적 영역에서의 불평등에 눈감음으로써 사회적 해방, 인간 해방으로까지는 더 나가지 못했습니다. 인간의 해방은 정치적 공동체에서 시민의 권리는 보장했지만, 그것은 경제적 영역을 사회적 통제로부터 벗어나게 했고, 궁극적으로 경제적 불평등은 정치적 영역에서의 권리보장을 무력하게 만들었습니다. 인권은 소유권 이론에 기초해 있었으며 그 당시 제한선거를 인정하여 참정권의 범위를 한정시켰습니다. 또한 인권은 소유권의 축적을 가능하게 함으로써 불평등을 유발하기도 했습니다.

근대사회에서 인간해방의 의미는 중세 봉건사회와 기독교적 세계관으로부터의 해방을 뜻합니다. 영국의 청교도혁명, 프랑스 대혁명, 미국독립혁명 등이 근대적 의미의 해방으로 평가받고 있습니다. 그러나 시민혁명과 소유권 쟁취를 통해 질곡으로부터 해방된 인간은 제3신분인 부르주아(자본가) 계층으로 국한됩니다. 소유권에 기초한 사적 새산의 형성은 화폐의 도입으로 인헤 경제적 불평등의 단초를 제공하였습니다. 중세의 질곡에서 벗어난 이후에도 인간해방 사상은 자본주의 경제사회에 대한 비판을 가진 계급 해방의 사상으로 발전하였습니다. 이것은 부르주아와 프롤레타리아의 새로운 갈등 상황을 초래하였습니다.

인권법의 출발은 국제연합(United Nations: UN) 총회가 1948년 12월 10일에 채택한 「세계인권선언(Universal Declaration of human Rights)」입니다. 1948년 제2차 세계대전의 여파로 인해 「세계인권선언」이 주창되었습니다. 이 선언은 새 시대를 여는 포문이라기보다는 전쟁이라는 무덤 위로 던져진 화환에 불과했습니다. 세계인권선언은 "인권에 관한 온갖 의정서, 협약, 조약 혹은 선언 등의 형태로 확산되면서 국제적 지평을 넓혔"습니다. 오늘날 어떠한 국가나 문화 또는 개인도 이런저런 방식으로 인권레짐(human right regime)에 걸려 있지 않은 경우가 없습니다. UN은 UN 헌장과 인권선언에 천명된 권리들을 보호할 수 있는 법적 문서와 집행기구를 마련하기 위해 1966년 시민적·정치적 권리에 대한 국제규약(ICCPR)과 경제적·사회적·문화적 권리에 대한 국제규약을 분리해서 채택하였습니다. 시민적 자유권과 경제적 사회권을 분리해서 채택하게 된 배경에는 서구 자유주의국가들 사이의 이념적 대립이 있었습니다. 이후에 자유권 규약은 서구 자본주의사회를 기반으로 인권의 중심체계로 발전하게 되었고, 사회권 규약은 1986년 경제·사회·문화적 권리위원회(Committe on Economic, Social and Cultural Rights)를 설립함으로써 국제인권법으로 자리 잡아가고 있습니다.

인권은 어떻게 분류할까?
자유권, 사회권 그리고 연대권

인권의 종류는 「세계인권선언」에서 제시된 목록을 프랑스 법학자 바삭(K. Vasak)이 제3세대 인권으로 분류한 것이 그 출발이 되었습니다. 바삭은 「세계인권선언」에 제시된 세대 모형을 적용하여 각각 프랑스혁명의 3대 가치인 자유, 평등, 박애와 결부시켰습니다. 카생은 「세계인권선언」이 프랑스혁명 당시에 외쳤던 구호처럼 "존엄성, 자유, 평등, 박애"의 네 기둥으로 이루어졌다고 했습니다. 그에 따르면, 「세계인권선언」의 전체 30개 조항 중에서 27개 조항이 네 개의 기둥으로 각각 나누어져 있으며, 이들 네 개 기둥이 모여 주랑 현관의 천장에 해당되는 28~30조를 함께 떠받치고 있다고 합니다.

　　흔히 자유는 17~18세기에 발전된 제1세대 인권인 시민적·정치적 권리에서 출발합니다. 평등은 19세기에 발전한 제2세대 인권인 경제적·사회적·문화적 권리에 부합됩니다. 박애는 현재 지구공동체에서 등장하는 신생 국가들의 제3세대 인권인 제3세대 연대권에 부합됩니다. 모든 인간은 존엄하다는 의미는, 인간은 그 자체 목적으로서 존재하며 어떠한 경우도 타자나 다른 목적을 위한 수단으로 여겨서는 안 된다는 것을 말합니다. 인간의 시민적·정치적 권리는 인간의 존엄성으로부터 기인합니다. 존엄한 인간의 삶에는 시민적·정치적 권리와 경제적·사회적·문화적 권리가 요청됩니다.

인권의 개념은 역사적 산물입니다. 즉 시대가 바뀌면서 새로운 담론이 나타납니다. 인권의 역사에서 자유권이 먼저 주장되었고, 대체로 제2차 세계대전 이후 사회권이 각 국가 헌법에 반영되었습니다. 제1세대 인권이념은 자유(자유권)입니다. 제1세대 인권은 전통적 시민권 또는 자유권과 관련되어 있습니다. 즉 제1세대 인권은 시민적·정치적 자유권입니다. 철학적으로는 홉스, 로크, 루소, 칸트와 같은 철학자들에 의해 정당화된 이념이며, 앞서 언급했듯이, 역사적으로는 영국의 청교도혁명, 미국의 독립혁명, 프랑스혁명 속에서 그 전통을 엿볼 수 있습니다. 제1세대 인권은 국가가 개인을 괴롭히지 않고 그냥 내버려두기만 하면 보장되는 소극적 권리의 의미가 강합니다. 시민적·정치적 권리는 삶의 특정 부분을 국가나 타인의 간섭으로부터 보호하기 위한 시민적 권리와 공동체 구성원들이 국가업무에 참여하고 통제하기 위한 정치적 권리를 일컫는 말입니다. 이 권리에는 공정한 재판을 받을 권리, 언론과 종교의 자유, 이전과 집회의 자유 그리고 차별, 노예 신분, 고문을 받지 않을 권리, 인간존재 자체와 관련하여 인간의 완전성에 관한 권리, 평등권, 인간의 신체적 활동과 관련한 권리, 인간존재의 물적 조건(경제활동)에 관한 권리, 인간의 사적 영역 및 가족에 관한 권리, 정치활동에 관한 권리, 권리 구제를 받을 권리 등이 시민적·정치적 권리에 포함됩니다.

그러나 시민적·정치적 권리만으로 인간의 존엄은 충분히 확보할 수 없으며, 경제적·사회적·문화적 권리와 잘 어우러져야 온전하게 확보될 수 있습니다. 시민적·정치적 권리는 서로 구분하여 설명할 수 있습니다. 먼저 시민적 권리는 삶의 특정 부분을 국가나 타인의 간섭으로부터 보호하기 위한 권리로서 사상·양심·종교의 자유, 언론의 자유 등이 포함됩니다.

제2세대 인권이념은 평등(사회권)입니다. 제2세대 인권은 경제적·사회적·문화적 권리(사회권)를 실현하기 위해 정부의 적극적인 지원과 개입을 필요로 합니다. 현재 불가능한 것도 미래의 실현을 위해 지금 사회적·정치적 기본제도의 보완과 신설을 위한 관심과 투자가 필요하기 때문에 제2세대 인권은 기본적 인권이어야 한다는 관점입니다. 시민적·정치적 권리가 국가의 불법적이고 부당한 행위에 대한 방어적인 권리인 데 반해, 경제적·사회적·문화적 권리는 국가가 그 실현을 위하여 적극적으로 활동할 것을 요구할 수 있는 적극적 권리입니다. 시민적·정치적 권리가 대부분 즉시 실현될 수 있는 권리인 데 반해, 경제적·사회적·문화적 권리는 점진적인 실현 가능성을 예고하고 있습니다. 1948년 「세계인권선언」과 1966년 제21차 UN 총회 이후 「경제적 사회적·문화적 권리에 관한 국제규약」, 「시민적·정치적 권리에 대한 규약의 선택 의정서」에 관한 여러 조항에서 노동자의 권리를 국제적으로 명문화하여 규정해놓은 지 이미 오래되었습니다.

특히 경제적·사회적·문화적 권리는 사회정의(正義)와 실질적 평등의 이념으로부터 도출되는 인권으로서 모든 사람이나 국가나 사회, 그리고 공동체에 대하여 자신이 인간으로서 인간다운 생활을 할 수 있도록 해줄 것을 요구할 수 있는 권리를 의미합니다. 모든 사람은 자기 자신과 가족의 건강과 행복한 삶을 위해 음식, 의류, 주택과 의료보호, 필요한 사회보장 서비스를 포함한 충분한 생활수준을 향유할 권리가 있습니다. 예컨대 부녀자와 어린이는 특별한 보호와 지원을 받을 권리가 있으며, 모든 사람은 무상으로 초등교육을 받을 권리가 있습니다. 이러한 권리들을 보호하기 위해 정부와 개인이 반드시 필요한 조치를 취해야 한다는 점에서 이러한 권리들은 적극적인 권리(positive right)이며, 정부는 이러한 적극적인 권리를 제공해야 합니다. 여기서 경제적·사회적·문화적 권리는 사회권 규약을 제정하고 있으며 사회권의 흔적은 가톨릭 등에서 이야기하는 인간의 존엄성이라는 요청에서 찾고 있습니다. 사회권의 종류와 내용 중에서 노동권은 근로의 권리를 가장 먼저 규정하고 있습니다. 그것은 인간의 삶에 있어서 자유롭게 선택하거나 수락하는 노동을 가장 핵심적인 요소라 판단하고 있기 때문입니다. 왜냐하면 노동은 그 자체로 자신은 물론 가족 등의 음식, 의복, 주거 등 물적 자원을 확보하는 수단이 되기 때문입니다. 그뿐만 아니라 노동은 신체활동을 통해 자신의 인격을 발현, 형성하는 인간 행위의 대표적인 형태라는 점에서 그 자체만으로도 인간의 존엄성과 가치에 중요한 의미를 지닙니다. 글로벌한 사회에서 노동조합의 결성 및 가입에 관한 권리인 사회권 규약은 국제노동기구(ILO) 제83호와 제2조와 함께 사용자의 권력으로부터 노동자를 보호하는 기본적 권리로서 단결권, 즉 노동 3권(단결권, 단체교섭권, 단체행동권)을 인정하고 있는 것입니다. 이렇듯 「세계인권선언」과 「경제적·사회적·문화적 권리에 관한 국제규약」 등의 여러 조항에서 노동자 권리를 명문화하여 규정해놓고 있습니다.

제3세대 인권의 중심은 연대성입니다. 연대성은 프랑스혁명 당시 구호였던 사유, 평등, 형제애 가운데 형제애에 대한 현내적 표현입니다. 현대의 언어로는 연대, 협력, 결속입니다. 이러한 제3세대 인권이념의 바탕에는 국제적 연대와 결속을 의무로 인정하는 길이 깔려 있습니다. 인권의 역사에서 평가해볼 때 제3세대 인권이론의 중요한 의미는 전(全) 지구적 연대성의 불가피성을 세계에 인식하게 하는 것입니다. 따라서 인권을 세 가지 영역의 개념으로 구분하는 것은 이제 상식이 되고 있습니다. 그래서 제3세대 인권은 기본적으로 개인과 국가의 상호의존성을 함축하고 있습니다. 나아가 모든 국가 내 개인들의 상호의존을 함축하고 있습니다. 정의롭고 형평성 있는 국제질서를 건설함에 있어 개인들은 상호 의무와 권리를 갖게 되며, 이 포괄적인 상호의존은 곧 형제애와 결속을 뜻합니다. 제3세대 인권에는 발전권, 환경권, 평화권, 인류공동유산에 대한 소유권 및 인간적 도움을 요구할 권리, 의사소통권, 인류공동유산에 대한 소유권 및 인간적 도움을 요구할 권리가 있습니다. 제3세대 인권은 법적 구조가 미약한 관계로 회의적이고 부정적으로 받아들여집니다. 즉 제3세대 인권은 혁신적이고 진보적이라는 견해가 있고 그 내용 자체가 명료하지 않다는 단점도 있습니다. 그래서 제3세대 인권이 사회권을 주장하는 흐름이 뚜렷하게 나타나고 있습니다. 제1, 2세대 인권의 주체가 개인이라면, 제3세대 인권의 주체는 지역사회, 민족, 더 나아가 국가 집단입니다. 따라서 제3세대 인권은 국제법으로 문제를 제기하고 세계적 차원에서 접근함으로써 국제적 해결책을 위해 노력하고 있습니다.

제8장

고통

글쓴이_ **노대원**

문학평론가이자 제주대 국어교육과 · 인공지능융합교육 전공 부교수. 저서로 『몸의 인지 서사학』『포스트휴먼과 융합』(공저), 『의료문학의 현황과 과제』(공저) 등이 있다. 논문으로 「인공지능은 기후 위기를 해결할까?」「ChatGPT 글쓰기 표절 대응과 교육적 활용 전략」「시리어스 게임을 활용한 청소년 문학교육 방안 연구」등이 있다.

아프다, 괴롭다,
살아 있다

고통의 의미를 알 수
없을 때의 고통

살아가는 동안 한 번도 아프지 않은 사람이 있을까요? 한 번도 괴로운 적이 없었던 사람이 있을까요? 누구나 한 번쯤은 인생이 힘들다고 생각한 적이 있을 거라고 생각합니다. 우리 모두는 삶에서 고통(苦痛)을 겪습니다. 고통이란 말은 몸의 아픔(痛)과 마음의 괴로움(苦)을 뜻합니다. 그런데 우리는 마음이 아프다는 말도 씁니다. 몸이 괴롭다는 말 역시 자주 쓰지요. 그러니 몸과 아픔과 마음의 괴로움은 그렇게 분명하게 나누어지는 것은 아닌 것 같습니다. 실제로 우리가 괴로울 때 우리의 몸은 더 아프고, 우리가 아플 때 괴로운 마음이 더 괴로운 적이 있을 겁니다.

그런데 왜 우리는 아프고, 왜 괴로워야 하는 걸까요? 아프고 괴롭고 힘들 때 우리는 그런 질문을 하게 됩니다. 우리가 고통을 겪을 수밖에 없다면, 그 고통에는 어떤 이유와 의미가 있는 걸까요? 게다가 다른 사람이 아니고 왜 꼭 '내'가 그 고통을 겪어야 하는지. Why me? 고통은 우리에게 무수한 질문을 던집니다. 이 고통이 지나고 나면 그 의미를 알게 될까요? 우리는 아프고 괴롭고 힘들 때 그런 작은 희망을 갖게 됩니다. 아프고 괴로운 것도 힘든데 이 고통의 의미를 모르는 것은 우리를 더 힘들게 합니다. 인간이란 '의미'를 추구하는 존재이기 때문입니다. 어쩌면 우리는 고통 그 자체보다 고통의 의미를 모를 때 더 고통스러운지 모르겠습니다.

고통이란 말은 어둡고 무서운 말 같습니다. 하지만 고통은 이처럼 우리에게 많은 질문을 던지게 하고, 깊은 사유를 하도록 이끕니다. 어쩌면 고통은 우리를 철학적 성찰로 이끄는 가혹한 스승과 같은지도 모르겠습니다. 우리뿐만 아니라 과거로부터 현재까지 많은 이들이 고통을 경험해왔습니다. 그리고 거기엔 철학자와 작가, 예술가와 과학자 또한 예외는 아니었습니다. 그리고 이런 특별한 직업을 지닌 이들뿐만이 아니었죠. 모두가 고통을 피하기 위해서, 그리고 고통을 줄이기 위해서 노력해왔습니다.

그래서 우리는 지금의 빛나는 현대 문명과 문화를 이룬 건지도 모릅니다. 잘 들여다보면 우리의 문명과 문화는 고통에서 시작된 것인지도 모르겠습니다.

물론 고통을 예찬하기만 하고 싶지는 않습니다. 저도 여러분도, 만약 가능하다면, 살아가면서 더 건강하고 더 행복하고 더 즐거워서, 아프고 괴롭고 힘든 일은 있지 않기를 바랍니다. 하지만 분명한 건 우리는 고통에서 절대로 벗어날 수 없을 겁니다. 고통에 대한 그런 생각이야말로 괴로운 상상 같습니다. 하지만 사실이 그렇습니다. 그러면 우리는 어떻게 살아가야 하는 걸까요?

고통에 대한 질문에 정답은 없을 것 같습니다. 어떤 사람들은 고통에 맞서 싸우려고 할 것입니다. 고통을 줄이기 위해 의학을 발전시키고, 사회 제도를 더 단단하게 만들고, 삶의 불행에 미리 대비하는 거죠. 고통을 대하는 지혜로운 방법 가운데 하나이고, 실제로 우리 인류는 이렇게 고통을 조금씩 줄여왔습니다. 그건 아주 자랑스러운 인간의 역사라고 할 수 있습니다. 또 어떤 사람들은 고통을 믿음으로 극복하려고 할 것입니다. 타인의 고통을 줄여주고 널리 선(善)을 행하면서 이 세상에 만연한 고통을 아름답게 대면하는 거죠. 종교인과 철학인의 가르침엔 고통에 대한 이런 아름다운 사유가 흐르고 있답니다. 또 어떤 이들은 고통을 잊기 위해서 더 큰 즐거움을 취하려고 할지도 모릅니다. 농업

혁명이 시작된 이후 인간은 노동의 고통을 잊기 위해 술을 마시기 시작했다고 합니다. 오늘날 우리가 즐기는 많은 문화와 오락은 고통 위에서 번성합니다.

저 또한 몸의 아픔, 마음의 괴로움, 삶의 불행 앞에서 작아지고, 무너지고, 체념하기 일쑤였습니다. 가능하다면 삶에서 겪는 모든 고통이 제게서 멀리 사라져버렸으면 좋겠다고 생각했죠. 하지만 누구에게나 정도의 차이는 있지만 고통은 멀리 사라지지는 않습니다. 앞서 고통은 우리를 사유하도록 한다고 했습니다. 많은 철학자도 그 점에 착안해서 고통 앞에서 사유하는 길을 선택했습니다. 제가 여러분의 많은 고통을 잊게 할 수는 없습니다. 하지만 여기서는 고통과 함께 사유하면서, 고통에서 지혜와 지식을 얻는 방법에는 무엇이 있는지 함께 궁리해보고자 합니다.

몸의 아픔:
위대한 건강과 문화 의사

니체(Friedrich Wilhelm Nietzsche, 1844~1900)는 제가 좋아하는 철학자입니다. "신은 죽었다"는 철학적 선언은 여러분도 아마 한번쯤 들어보아서 익숙하리라 생각합니다. 이런 문장에서도 나타나는 것처럼 니체는 철학인이자 동시에 시인의 마음을 지닌 예술가에 가까웠습니다. 그의 천재적인 지성은 유명합니다. 니체는 자신의 본래 전공 분야인 문헌학에 출중했는지 아주 젊은 시절에 교수가 되었지요. 하지만 안타깝게도 그는 건강이 좋지 못했습니다. 그는 자주 아팠고 그런 탓에 결국 아주 빨리 교수직을 그만두게 되었습니다. 교수를 그만두고 요양을 다녔는데, 계속 몸이 아파 질병과 벗하는 신세였지요. 그런 니체였기에 고통을 늘 자주 경험했을 겁니다.

세상에 아팠던 사람들은 넘치고 넘치지요. 그런데 니체가 특별한 것은 그 고통을 특별하게 상상하고 대했기 때문이죠. 그는 자신의 통증에 개라는 이름을 붙여주었다고 적었습니다. 다른 모든 개처럼 통증이 충직하고, 재미있고, 영리하다고 했죠. 그리고 개를 꾸짖거나 화풀이를 할 수 있다고 했습니다. 니체는 통증을 반려견처럼 생각했다는 거죠. 일단 니체의 특이한 상상력이 신기합니다. 통증을 반려견처럼 여길 수 있다는 건, 그만큼 니체에게 질병은 늘 언제나 함께하는 경험이었다는 것입니다. 그만큼 니체의 삶은 고통스러웠습니다. 여러 질병이 그를 아프게 했고, 사랑에 실패해 고독한 삶을 살았습니다. 천재의 불행, 천재의 광기처럼 그는 우리가 전형적으로 떠올리는 천재의 이미지 그 자체였습니다.

하지만 니체는 그저 불행하고 병약했던 수많은 사람 가운데 한 사람이 아니라 인류 지성사에서 기억될 만한 존재로 남았습니다. 니체의 여러 철학적 사유와 상상력 가운데 질병과 몸은 그 핵심이기도 합니다. 그는 그저 아프고, 불행하기만 했던 것이 아니라 자신의 삶을 끈질기게 따라다녔던 고통을 땔감 삼아 창조적 상상력의 불꽃을 화려하게 피워냈던 것입니다. 서양의 철학은 대체로 인간의 정신과 신체를 하나가 아닌 둘로 구분해왔습니다. 그리고 몸을 이성에 비해 열등한 것으로 여겨왔습니다. 니체는 몸의 고통을 누구보다 잘 알았기에 몸의 중요성을 강조했습니다. 이성 중심주의 철학에 대한 비판과 몸의 복권은 현대 철학의 중요한 과제가 되었습니다.

니체는 시적인 문장과 번득이는 경구(警句)로 유명합니다. 그는 철학자의 언어보다는 시인의 언어로 말하는 사람이었기에 다른 철학자들과는 차이가 있었습니다. 아마 여러분도 "나를 죽게 하지 않은 것은 나를 더욱 강하게 만든다"는 문장에 익숙하겠지요? 니체는 삶을 '사관학교'라고 생각합니다. 사관학교는 장교를 길러내는 기관입니다. 강도 높은 훈련을 통해서 강인한 엘리트 군인을 양성하는 곳입니다. 인생이 사관학교라면 우리는 이곳에서 무수한 시련을 겪는다고 니체는 생각했던 것이죠. 그리고 거기서 그치는 것이 아니라 사관학교가 강인한 군인을 만들어내는 것처럼, 시련과 고통은 삶을 이겨낼 힘을 지닌 사람을 길러낸다고 생각한 것이겠지요. 실제로 니체는 카이사르처럼 고통에 맞서서 야전을 찾았던 군인들을 동경했습니다. 자신이 군인이 되고자 했던 적도 있었지만 짐작할 수 있는 것처럼 그는 군인으로 적응하지 못했습니다.

니체의 저 경구는 역경에 쉽게 절망하는 우리에게 큰 위로와 힘이 됩니다. 니체는 이처럼 자신의 병약함 때문인지 몸과 힘에 큰 관심을 기울였습니다. 어느 시절에는 자신의 전공 분야에서 생리학과 의학 쪽을 공부하려고 시도했던 적도 있다고 합니다. 그 전환은 실현되지 못했지만 그의 철학적 저술에 고스란히 흔적으로 남아 있습니다. 이를테면 '힘에의 의지'와 같은 그의 핵심 개념에는 생리학적인 함의가 담긴 것이지요. 이런 이유로 그는 귀족주의를 좋아했습니다. 약자에 대한 혐오를 드러내기도 했습니다. 나치 파시스트들은 니체의 이런 힘에의 동경을 악용한 것으로 유명하지요. 분명 나치가 니체 철학을 왜곡한 면도 있지만, 니체의 철학에는 부정적인 면도 존재합니다. 그 점에서 힘을 동경한 니체 철학은 비판할 만한 점이 많습니다.

제가 좋아하는 니체 철학의 빛나는 부분은 힘에의 의지가 아닌 다른 데 있습니다. 니체는 '위대한 건강(great health)'이란 말을 썼습니다. 위대한 건강이란 튼튼한 운동선수의 넘치는 건강과 활력이 전혀 아닙니다. 오히려 병약한 상태지요. 그런데 또 단순히 병약한 상태는 아닙니다. 여러분은 건강한 상태를 느껴본 적 있나요? 이 상태는 사실 평범한 상태라서 느낀다고 할 것까지도 없을 겁니다. 그런데 아픈 상태에서 낫게 되었을 때의 활기 같은 것을 떠올려봅시다. 비 온 뒤 개인 화창한 날은 보통 때보다 더 맑고 아름답습니다. 추운 겨울이 지나간 뒤 꽃피는 봄날의 온화함은 더 따뜻하게 느껴지죠. 그런 것처럼 아픈 사람이야말로 건강에 대해 가장 잘 압니다.

니체를 비롯해서 많은 병자(病者)들은 건강한 사람들보다 더 뛰어난 창조력을 보여주었습니다. 특히 예술가와 철학자가 그렇지요. 그들은 병적인 현실을 누구보다 민감하게 포착하여 새로운 의미 문법을 만들어내는 창조적 고통으로서의 병을 앓습니다. 니체는 '철학적 의사'라는 표현을 쓰기도 했습니다. 심리학자나 철학자가 병이 든다면 그는 자신의 관심사를 병에 집중하고, 위안과 약, 구원이 되는 철학을 찾게 될 것이라는 거죠. 마치 니체 자신처럼 말입니다. 질병은 철학자에게 영감을 주어 병든 철학과 세계를 진단하고 치료할 수 있을 것이라고 보았습니다. 이런 말들은 니체 자신의 삶과 철학을 스스로 설명한 것 같기도 하네요. 아마도 니체는 자신의 삶과 철학을 이렇게 들여다보며 스스로 긍지를 찾았을 것입니다.

니체를 재해석하기도 한 프랑스의 현대 철학자 질 들뢰즈(Gilles Deleuze, 1925~1995)는 니체의 건강 철학과 철학적 의사 개념에 착안해서 '문화 의사(cultural physician)'라는 개념을 만들었습니다. 작가는 병약한 경우가 많습니다. 하지만 들뢰즈가 보기에 작가는 환자가 아니라 의사라고 생각했습니다. 작가는 자기 자신과 세계를 치료하는 의사라는 것이지요. "문학은 건강계획서"라고 했던 말이 의미심장합니다. 실제로 유명한 작가들은 겨우 글을 쓸 정도의 미미한 건강을 지닌 경우가 많았습니다. 하지만 들뢰즈는 그러한 건강으로 작가들이 세상과 문화의 질병을 진단하고 치료할 만한 창조성을 보여준다고 생각했습니다. 들뢰즈에게 치유란, 고통을 견디거나 적응하는 것이 아니라 새로운 창조와 생성을 행하는 것입니다. 니체와 들뢰즈 모두 병약한 철학자였지만 그들의 철학은 위대한 힘을 지니고 있었습니다. 그들의 철학은 여전히 우리에게 삶과 고통에 대해 사유하도록 하는 힘이 있으니까요. 그런데 니체와 들뢰즈뿐만이 아닙니다. 많은 예술가역시 고통스러운 삶에서 건강한 창조와 생성의 불꽃을 쏘아 올렸습니다. 그들의 위대한 건강에 우리가 경탄하는 이유입니다.

마음의 괴로움:
현대인의 고독과 불안

우리가 고통스러운 것은 마음의 괴로움 때문이기도 합니다. 몸이 전혀 아프지 않아도 우리는 살아가는 것이 힘겨울 수 있습니다. 우리의 몸이 유한하고 연약한 것처럼 우리의 마음 또한 강철처럼 단단하지 않습니다. 생존의 기본적인 곤경에서 벗어날수록 어쩌면 마음의 고통이 더 크게 느껴지는 것인지도 모릅니다. 아닌 게 아니라 현대인들은 마음의 고통을 더 크게 짊어지고 있다고 합니다. 우리 사회가 농업과 의학 기술 등 문명 전체적으로 수준이 올라갔지만, 반대로 사회 구조는 개인들의 마음을 더욱 힘들게 하는 것은 아닌지 돌이켜봐야 합니다.

현대인들은 대부분 도시에서 살아갑니다. 도시라는 공간은 편리한 삶을 영위할 수 있게 합니다. 하지만 그 대가는 생각보다 큽니다. 우리는 편리한 교통과 가까운 직장, 다양한 편의시설과 문화, 여가를 즐길 수 있습니다. 이름 모르는 낯선 이들 사이에서 조용히 지낼 수도 있습니다. 하지만 바로 그게 문제입니다. 우리는 고독한 도시인이 되어버렸습니다. 인간은 누구나 혼자라고 말합니다. 하지만 도시의 공간 구조는 더욱 큰 단절을 낳게 합니다. 현대 도시를 배경으로 하는 소설과 영화에는 무수히 많은 고독한 주인공들이 등장합니다. 그들은 바로 우리이기도 합니다. 이들의 마음과 우리의 마음은 다르지 않을 겁니다.

인간은 본래 고독을 두려워합니다. 다른 동물들은 태어나자마자 걷고 달리기까지 합니다. 이와 달리 인간은 태어날 때부터 무력하고 취약한 존재입니다. 아기는 부모가 없으면 살아남기 힘듭니다. 이러한 인간의 태생적 취약성은 서로를 의존적인 존재로 만듭니다. 홀로 있으면 우리는 불편하고 불안하기까지 합니다. 실제로 옛날에 우리 조상들이 살아갔을 자연환경을 추측해보면, 개인이 집단과 멀리 떨어졌을 때 생존의 위협을 느꼈을 겁니다. 주위에 맹수가 우글거리고 아무에게도 도움을 받을 수 없을 테니 당연히 무리로부터 떨어졌을 때 우리 조상들은 극심한 불안에 휩싸일 수밖에 없었을 테죠.

그러한 마음의 무늬가 우리 현대인들에게도 여전히 남아 있습니다. 협력하는 존재로서 인간은 홀로 있을 때 마음이 괴롭습니다. 새롭게 등장한 사회신경과학(social neuroscience)은 외로움의 폐해에 대해 여러 가지로 연구한 결과를 내놓았습니다. 이를테면, 흥미롭게도 외로움을 느끼는 사람은 건강하지 못한 음식을 더 많이 섭취할 확률이 높다고 합니다. 우리가 고통을 느낄 때 뇌의 쾌락 중추에 달콤한 물질을 주입해 그 고통을 달래려 하는 것이 인간의 본능이기 때문이라고 합니다. 힘들 때 나이어드기

되지 않는 이유를 알 것만 같습니다.

함께함으로써 서로에게서 든든함을 느끼는 것은 오늘날도 다르지 않습니다. 도움이 필요할 때 도움을 받고, 슬프고 힘들 때 위로받으며, 외로울 때 함께하는 일은 모두 함께할 때 가능한 일입니다. 관계가 소중한 것은 그래서입니다. 그런데 현대인들은 집단과 공동체적 삶에서 멀어져버렸습니다. 협력과 연대보다는 이제 극심한 경쟁과 각자도생의 길이 우리에게 펼쳐져 있습니다. 자본주의사회는 공동체와 인간적 가치보다는 교환가치를 중심으로 우리를 사고하도록 합니다. 쉽게 말해 돈이 되지 않으면 인간관계와 공동체적 가치는 무시될 수 있는 것이죠.

사회학자 지그문트 바우만(Zygmunt Bauman, 1925~2017)은 불안정한 지금의 현대사회를 "유동하는 현대 세계(Liquid Modern World)"라고 불렀습니다. 그리고 이 시대에 번성하는 '고독 퇴치 산업'을 지적했습니다. 유대감이 사라진 현대인들을 위해 고독을 없애는 다양한 산업들이 생겨나고 있다는 것이죠. 모든 위기와 문제조차 또다시 돈벌이로 환원해버리는 자본주의사회의 속성을 들여다보는 것 같아서 씁쓸합니다. 그런데 그 고독 퇴치 산업은 우리 삶의 일상이 되어버렸습니다. 우리가 매일 같이 사용하는 SNS도 그 한 예라고 할 수 있습니다. 페이스북이나 인스타그램, 트위터로 많은 친구를 실시간으로 만날 수 있어 우리는 고독하지 않은 것처럼 느낍니다. 하지만 실제로는 진심을 이야기할 친구는 예전보다 더 찾기 어려워졌습니다. 바우만의 재치 있는 말처럼, 휴대폰은 떨어져 있는 사람을 연결해줍니다. 하지만 휴대폰은 함께 있는 사람을 따로 떨어져 있도록 해줍니다. 다양한 미디어와 기술은 우리가 더 연결되도록 돕지만, 우리를 더 고독한 이들로 만드는 데도 일조했지요.

기술의 미래가 우리의 고독과 고통을 어떻게 줄이거나 바꿀 수 있을지 고민하는 일도 중요한 숙제입니다. 고통은 인간의 문명과 기술을 발전시킨 원동력이기도 했습니다. 그리고 계몽주의 이래로 많은 이들은 과학과 지식이 완전한 인간이라는 목표를 달성시킬 것이라고 기대했습니다. 이러한 기대가 과학기술에 대한 우리의 열망을 이룹니다. 고통에 대한 완벽한 제거라는 꿈도 이런 지성사적인 맥락에서 바라볼 수 있습니다. 우리의 고통을 제거하고 신과 가까운 인간(homo deus)이 되려는 꿈은 이제 더 이상 SF(Science Fiction, 과학소설)에서만 나오는 일이 아닙니다. 이러한 꿈을 실현하려는 이들을 트랜스휴머니스트(transhumanist)라고 부릅니다.

하지만 이에 대해 비판적으로 성찰한 지식인들은 이 꿈이 이루어지기는 어려울 것이라고 봅니다. 아킬레스는 무적의 몸을 가지고 있었습니다. 하지만 그에게도 단 하나의 약점이 있었는데,

바로 발뒤꿈치입니다. 오늘날 아킬레스건이라고 부르는 부위입니다. 그 부위에 화살을 맞아 아킬레스는 죽고 맙니다. 그처럼 우리가 꿈꾸는 고통에 대한 정복도 완벽하지 않으리라는 전망입니다. 거의 모든 고통을 다 해결한다 해도 한두 가지 고통은 계속 남아 있을 수 있습니다. 그리고 그 약점 한두 가지는 바로 우리의 유한성을 의미합니다. 우리는 고통을 줄일 수 있습니다. 하지만 완벽하게 정복할 수는 없는 것이지요.

과학이 마법처럼 주어진다 해도, 우리 인간에게는 고통이 언제나처럼 남을 것입니다. 바로 그것이 인간의 숙명입니다. 미래 인간이라고 불리는 포스트휴먼(posthuman)조차 고통을 겪고 유한한 존재가 될 것이라고 예측합니다. 그런 상황에서 우리는 고통을 어떻게 생각해야 할까요?

여전히 취약한 존재인 우리는 함께할 수밖에 없습니다. 그 함께함, 함께 살아감에 대한 의미는 앞으로 더 중요해질 것입니다. 공존과 공생의 가치는 고통이 우리에게 열어주는 길이 됩니다. 아프고 괴로울 때 우리는 역설적으로 살아 있음을 느낍니다. 또한 고통의 체험은 주관적 영역일지라도, 그것은 함께 고통에 귀 기울여주는 이들의 존재를 통해 나누어지고 줄어들 수 있습니다. 물론 고통의 어두운 부분과 그 신비한 의미는 여전히 온전히 드러나지 않았습니다. 고통은 살아 있음을 증명하는 표식입니다.

살아 있는 동안 우리는 고통받으며, 그 살아 있음을 생생하게 느끼며, 삶의 의미를 절절하게 탐구하게 될 것입니다. 그 길이 모두 아름답기를 빕니다.

제9장

행복

글쓴이_ **편상범**

대학에서 기계공학을 전공하였다. 8년 후에 다시 철학 공부를 시작했고 아리스토텔레스 윤리학 관련 논문으로 철학박사가 되었다. 철학이 이론적 탐구에 머물지 않고 삶을 성찰하고 치유하는 실천적 활동이어야 한다는 생각에 한국철학상담치료학회 연구이사를 맡기도 했다. 오랫동안 중고등학교 교사였고, 지금은 고려대 철학과, 강원대 철학과, 성신여대 윤리교육과 등에서 학생들을 가르친다. 『윤리학 : 행복은 도덕과 갈등하는가』라는, 청년들을 위한 책을 쓰기도 했다.

행복이란
무엇인가

행복이 무엇인지
말해봐

"새해에도 행복하시기 바랍니다." "오늘도 행복하세요." 우리는 이렇게 행복이라는 말을 자주 합니다. 우리말을 알면서 '행복'이 무슨 말인지 모르는 사람은 없습니다. 그런데 행복이란 무엇인가요? 행복하게 살라는 말은 어떻게 살라는 것인가요? 이렇게 물으면 대답하기 참 어렵습니다. 우리는 행복이 무엇인지 잘 알고 있다고 생각합니다. 그래서 어떻게 하면 행복할 수 있을지, 행복할 수 있는 방법에 대해서는 궁금해하지만 행복이 무엇인지는 궁금하지도 묻지도 않습니다. 하지만 행복이 무엇인지 알아야 행복을 얻는 방법을 찾을 수 있지 않을까요? 목적지를 알아야 교통편을 찾아볼 수 있는 것처럼 말입니다. 그래서 우리는 행복하게 사는 방법을 묻기 전에 행복이 무엇인지 먼저 살펴볼 필요가 있습니다.

즐겁게 사는 게
행복이지

행복이 무엇이냐는 물음에 대한 가장 흔한 대답은 "즐겁게 사는 것이 행복"입니다. 행복은 즐거움(쾌락)이라는 말이지요. 이런 견해를 쾌락주의라고 부릅니다. 예나 지금이나 가장 많은 사람이 지지하는 의견입니다. 인간을 포함한 모든 동물은 본능적으로 쾌락을 원하고 고통을 피하려고 합니다. 그런 점에서 쾌락주의는 매우 설득력 있는 주장입니다. 행복한 삶이란 정신적으로나 육체적으로 고통 없이 즐겁게 사는 것이라는 데 반대할 사람은 별로 없어 보입니다.

쾌락주의자에게 행복이란 곧 즐거운 마음의 상태입니다. 그런데 마음이 즐거우면, 즐겁게 산다면 그게 곧 행복일까요? 여러분은 즐겁게 사는 사람은 모두 행복한 사람이라고 생각하나요?

로버트 노직(Robert Nozick, 1938~2002)이라는 철학자는 쾌락주의에 반대합니다. 그래서 그는 경험기계(experience machine)라는 사고(사유)실험을 제안합니다. 경험기계에 접속하면 우리는 자신이 원하는 것은 무엇이든 이루어지는 즐거운 삶을 경험합니다. 내가 유명한 작가가 되고 싶다면 나는 그런 작가가 되는 경험을 합니다. 당연히 경험기계에 접속했다는 사실도, 자신의 경험이 가상현실에 불과하다는 것도 모른 채 가상현실을 실재로 착각합니다. 쾌락주의에 따르면, 경험기계에 접속한 사람은 즐거운 마음의 상태를 지니고 있으니 당연히 행복한 삶을 사는 것이 되지요. 노직은 그런 삶은 행복할 수 없다고 합니다.

여러분은 어떻게 생각하나요? 경험기계에 접속하면 행복하게 살 수 있다고 생각하나요? 영화 〈매트릭스〉를 보면 컴퓨터 프로그램에 의한 가상현실인 줄 알면서도 그리로 들어가는 사람이 있기는 합니다. 여러분 중에서도 그러고 싶은 사람이 있을지 모릅니다. 그러나 그런 선택은 실재의 세계가 도망치고 싶을 만큼 너무 살기 힘들다는 것을 보여줄 뿐 아닐까요? 진짜건 속아서건 마음만 즐겁다면 행복하다고 할 사람은 별로 없을 것 같습니다. 경험기계가 아니어도, 세뇌를 당하거나 약물이나 뇌수술을 통해 항상 긍정적인 마음으로 즐겁게 사는 비참한 현실의 노예가 있다면 우리는 그를 행복한 사람이라고 부를 수 있을까요? 만일 여러분에게 자녀가 있다면, 그리고 자녀가 행복하기를 바란다면 그런 삶을 살도록 내버려둘까요? 아무래도 행복은 단지 주관적인 마음의 상태만으로는 규정할 수 없을 것 같습니다. 현실이 어떻든 내가 행복하다고 느끼고 판단하면 그게 곧 행복이라고 생각하는 사람이 있다면 좀 더 생각해볼 문제입니다. 즐거운 마음에 상응하는 객관적인 현실이 실제로 존재할 때 우리는 행복하다고 할 수 있겠지요.

내가 원하는 게 이루어져야
행복이지

행복이 무엇이냐는 물음에 대해 두 번째로 흔한 답변은 '행복은 욕구 만족'이라는 것입니다. 나의 욕구가 충족되는 것, 즉 내가 원하는 것이 이루어지는 것이 곧 행복이라는 말입니다. 이런 입장을 '욕구만족이론'이라고 부릅니다. 욕구만족이론에서는—쾌락주의와 달리—행복을 단지 마음의 상태로 보는 것이 아니라 내가 원하는 것이 실제로 이루어져야 한다고 봅니다. 나의 꿈이 유명한 작가가 되는 것이라면 가상현실에서가 아니라 실제로 유명한 작가가 되어야 행복하겠지요. 사람들은 모두 다양한 욕구를 지니고 있고, 각자 자신의 욕구가 만족될 때 행복할 수 있다는 이 이론도 매우 상식적이고 설득력이 있습니다.

그런데 플라톤은 『고르기아스』라는 책에서 욕구만족이론에 문제를 제기합니다. 행복이란 자신의 욕구를 마음껏 충족시키는 것이라는 칼리클레스에게 소크라테스는—플라톤의 생각을 대변하는 주인공입니다—이렇게 말합니다. "가려운 데가 있는 사람이 긁고 싶어서 마음껏 긁는다고 할 때, 평생을 계속 긁으면서 행복하게 살 수 있는지 말해주게." 소크라테스는 모든 욕구 충족이 행복일 수는 없음을 지적하고 있습니다. 가려움증에 걸려 긁고 싶은 욕구를 마음껏 누리는 피부병 환자도 자신이 행복하다고 말하지는 않을 것 같습니다. 아마 그런 욕구가 처음부터 없기를 바라겠지요. 소크라테스가 하려는 말은 실현할 만한 가치가 있는 욕구와 그렇지 않은 욕구를 구별해야 한다는 것입니다. 만일 살인의 욕구를 강하게 가진 연쇄살인마가 마음껏 자신의 욕구를 충족시키는 삶을 산다면, 우리는 그를 행복하다고 해야 할까요? 그런 욕구는—가려움증과 마찬가지로—만족시켜야 할 욕구가 아니라 치료해야 할 욕구입니다.

내가 행복하다면
행복한 것인가

쾌락주의와 욕구만족이론은 행복이 당사자의 주관적 느낌과 판단에 달려 있다는 점에서 모두 주관주의에 속합니다. 나의 행복은 오직 나에게 달린 것이지 다른 사람이 판단할 문제가 아니라는 입장이 주관주의입니다. 내가 불행하다고 생각하는데 제삼자가 나를 보고 행복하다고 판단할 수는 없지요. 그런 점에서 행복은 다분히 주관적인 성격이 강합니다. 그러나 앞에서 보았듯이 모든 주관적 판단을 그대로 인정하기는 어렵습니다. 경험기계 속에서 또는 세뇌나 약물에 의해 즐겁게 느끼고 행복하다는 주관적 판단을, 가려움증이나 살인의 욕구를 만족시키면서 행복하다는 주관적 판단을 그대로 인정할 수는 없습니다. 그래서 행복이 주관적이라는 사실은 절반의 진실에 불과합니다. 다른 사람도 인정할 수 있는 객관적 기준을 만족시켜야 행복이라고 할 수 있지요. 행복하기 위해서는 적어도 이것이 빠지면 곤란하다며 행복의 객관적 기준을 제시하는 이론들이 많이 있는데, 이를 '객관적 목록 이론'이라고 부릅니다. 어떤 목록(list)을 주장하느냐에 따라 객관적 목록 이론은 다양합니다.

　여러분이 행복의 객관적 기준의 필요성을 인정한다면, 어떤 목록을 제시하겠습니까? 예수님을 삶의 모범으로 삼는 사람은 아마도 사랑의 실천을 첫 번째 목록으로 제시할지도 모르겠네요. 부처님을 따르는 사람이라면 욕심과 분노와 무지에서 벗어난 열반의 상태가 행복이라고 할 수 있겠지요. 행복을 비롯한 윤리적 문제에 대해 오늘날까지도 많은 영향력을 미치는 철학자 아리스토텔레스는 인간의 본성인 이성을 탁월하게 발휘하는 활동이 바로 인간의 행복이라고 말했습니다. 이처럼 각자의 인생관, 세계관에 따라 제시하는 객관적 기준은 다를 수 있지만 그것들은 모두 우리의 삶에서 소홀히 할 수 없는 소중한 가치들입니다.

행복은 사랑을
닮았어

지금까지 우리는 행복에 관한 세 가지 이론을 살펴보았습니다. 행복에 관한 주관주의라고 할 수 있는 쾌락주의와 욕구만족이론을, 그리고 객관주의라고 할 수 있는 객관적 목록 이론을 보았습니다. 여러분은 어떤 이론이 가장 마음에 듭니까? 어쩌면 여러분 중에는 하나를 고르기는 어렵다는 사람이 있을지도 모르겠습니다. 세 이론이 모두 나름의 일리가 있는데 왜 꼭 하나만 주상해아하느냐고 물을 수 있겠지요. 그렇습니다. 저도 즐거운 마음으로 살며(쾌락주의), 자신이 원하는 것을 이루고(욕구만족이론), 누가 보아도 괜찮은 객관적 기준을 갖춘(객관적 목록 이론) 삶이 진정으로 행복한 삶이라고 생각합니다. 세 이론에서 각각 주장하는 쾌락, 욕구만족, 객관적 목록은 모두 행복의 필요조건이라고 할 수 있지요. 그런데 그중 하나를 충분조건이라고 고집할 필요가 없습니다. 결국 행복은 주관적 조건과 객관적 조건을 모두 갖추어야 합니다.

그러니 여러분이 행복을 원한다면 두 조건을 모두 고려해야 합니다. 나의 마음이 즐겁고 만족스러워야 한다는 주관적 조건뿐만 아니라, 나의 삶이 가치와 의미를 지니고 있어야 한다는 객관적 조건도 갖추어야 합니다. 세상에는 행복처럼 주관적 측면과 객관적 측면을 모두 갖추어야 하는 것들이 많이 있습니다. 그중에서 행복만큼이나 중요한 '사랑'도 그렇습니다. 상대를 사랑하는 나의 마음이 아무리 간절하고 진실하다고 해도, 즉 주관적 조건을 갖추어도, 그 마음에 상응하는 객관적 기준을 갖추지 못하면 사랑이라고 할 수 없는 경우가 많습니다. 그래서 우리는 "그건 사랑이 아니라 집착이고 폭력이야!"라고 말할 수밖에 없는 안타까운 사례들을 보기도 합니다. 제대로 된, 진정한 사랑을 하려면 어떻게 행동하고 배려해야 하는지 배워야 하듯이, 행복하기 위해서도 인생에서 소중한 것이 무엇인지, 어떻게 살아야 하는지를 배우고 익혀야 합니다.

행복하게
살려면

행복하게 산다는 말은 잘 산다는 말과 별로 다르지 않습니다. 행복이 무엇이냐는 물음에 쉽게 답하기 어려웠던 이유도 바로 여기에 있습니다. '잘 사는 것'이라는 말과 같이 '행복'은 많은 것을 포괄하는 개념이기 때문입니다. 그래서 "행복하기 위해서는 어떻게 해야 할까?"라는 물음에도 역시 많은 대답이 나올 수 있습니다. 각자의 인생관에 따라 행복의 방법은 다양할 수밖에 없으니 말입니다. 여기서 그것들을 일일이 늘어놓을 수는 없지요. 다만 저는 학자들이 대체로 동의하는, 특히 행복에 관해 연구한 철학자들이나 심리학자들이 강조하는 중요한 것들 중에서 두 가지만 간략하게 말하려고 합니다.

　앞에서 살펴본 대로 행복은 주관적 측면과 객관적 측면을 모두 지니고 있습니다. 우선 주관적 측면에서 보면 행복은 당사자가 만족할 수 있는 삶이어야 합니다. 남 보기에 아무리 좋아 보이도 내가 나의 삶을 긍정적으로 평가할 수 없다면 행복하다고 할 수 없지요. 그렇다면 어떤 조건에서 우리는 보다 즐겁고 만족스러운 삶을 살 수 있을까요? 첫째는 '함께하는 삶'이고 둘째는 '능동적인 활동'입니다. 사실 이 두 가지는 아리스토텔레스부터 현대에 이르기까지 많은 학자들이 인정하는 것입니다.

인간은
사랑하는 자(lover)

비틀스의 노래 중에 "All you need is love(당신에게 필요한 전부는 사랑입니다)"라는 곡이 있습니다. 방탄소년단은 "You are my universe(너는 나의 우주)"라고 노래합니다. 사랑이 얼마나 중요한지를, 타인(당신)과의 관계가 얼마나 소중한지를 잘 전해주는 노래들입니다. 아무리 풍요로운 물질적 조건을 갖추고 있어도 서로 미워하는 사람들 속에서 산다면, 사랑이 없다면, 우리는 결코 행복할 수 없지요. 남녀 간의 사랑만이 아니라 가족, 친구, 그리고 인류에 대한 사랑까지 포괄하는 넓은 범위의 사랑을 말하는 것입니다. 아리스토텔레스의 말대로 인간은 사회(공동체)적 동물입니다. 나 혼자 살 수 없을 뿐 아니라 나 혼자 행복할 수 없습니다. 내가 어디에서(어떤 공동체에서) 어떤 사람들과 함께 사느냐가 나의 행복에 매우 중요합니다.

남들이 행복할 때 나도 행복할 수 있습니다. 남들이 불행해도 나만 행복하면 된다고 생각한다면, 한술 더 떠서 남들이 불행해야 나의 행복이 더 돋보이고 더 만족스러울 것 같다고 생각한다면 큰 착각입니다. 아마 입시경쟁에 몹시 시달려온 사람이라면 그런 생각을 할 수도 있겠군요. 남들이 나보다 공부를 못 해야, 남들이 떨어져야 내가 붙을 수 있는 게 시험이지요. 남들이 좋은 대학을, 좋은 일자리를 다 차지하면 나는 들어갈 자리가 없으니, 남들이 불행해야 내가 행복하지요. 우리 사회에서는 이렇게 생각하는 사람도 많이 있을 법합니다. 그런데 그런 생각은 잘못된 사회구조가 우리를 학습시킨 결과일 수 있습니다. 경쟁은 피할 수 없고 따라서 승자와 패자가 생길 수밖에 없으며, 경쟁을 통해 발전한다는 생각은, 나아가 그것이 세상의 자연스러운 질서라는 생각은 우리 사회가 청년들에게 잘못 심어준 생각입니다. 우리 사회가 지옥 같은 경쟁에서 벗어나 서로 챙기고 협동을 중요시하는 사회가 된다면, 대학 서열이 사라지고 일자리 간의 임금 격차가 줄고 약자를 챙기는 사회로 바뀐다면, 너의 불행이 나의 행복이 된다는 생각도 많이 사라질 것이라 믿습니다. (이 이야기를 하면서 청년 여러분에게 많이 미안하고 부끄럽다는 생각을 피할 수 없습니다.

이런 경쟁사회를 바꾸기는커녕 더 심화시킨 기성세대의 한 사람으로서 비난을 감수하면서도 우리의 행복을 위해 세상을 바꾸는 노력을 함께하자는 말입니다. 물론 세상의 모든 경쟁을 제거할 수는 없지만 가능한 한 줄여보자고 말입니다.)

너의 불행이
나의 행복은 아니야

제가 가르친 한 학생이 경험한 사례를 하나 소개하지요. 그 학생은 국내 대학에서 3학년까지 공부하고 마지막 1년을 외국에서 교환학생으로 공부했습니다. 교환학생 공부를 마치고 돌아와 저에게 매우 인상 깊은 이야기를 해주었습니다. 그는 초등학교에서 대학까지 오랜 시간 공부했지만 외국 대학에서의 마지막 1년이 가장 행복했던 시기였다고 합니다. 그 행복의 까닭은 아주 단순한 데 있습니다. 우리나라 대학과는 달리 그 외국 대학에는 상대평가가 없다는 점입니다. 수강생 전원이 잘하면 모두 A를 받을 수도 있고 못하면 모두 F를 받을 수도 있지요. 어려운 과목이었고 공부할 분량도 많아 잠을 줄여가며 공부할 수밖에 없었지요. 그런데 그곳 학생들은 서로 도와가면서, 모르는 것은 서로 묻고 토론하면서 함께 공부하더랍니다. 우리의 주인공도 거기에 섞여 함께 공부했지요. 혼자서는 따라가기 벅찬 수업에서 학우들과의 협동을 통해 그는 좋은 성적을 받았습니다. 그 학생이 행복했다는 이유는 단지 좋은 성적 때문만이 아닙니다. 함께 공부하면서 서로 돕고 챙기는 우정을 경험했고 그 친구들 덕분에 자신의 능력이 성장하는 기쁨과 공부의 즐거움을 맛보았기 때문입니다. 내가 힘들 때 남들이 나를 도와줄 수 있고, 나도 기꺼이 남을 도울 수 있다는 믿음을, 그리고 경쟁보다 협동이 인간의 능력을 더 향상시킬 수 있다는 매우 소중한 경험을 그는 대학을 마칠 무렵에야 한 것입니다. 우리나라 대부분 대학의 상대평가 제도에서는, 정해진 비율만큼만 좋은 학점을 받을 수 있는 환경에서는, 내가 아는 것을 남에게 가르쳐주기 어렵고 남도 역시 마찬가지 사정에 놓이지요. 그런 경쟁적 환경에서의 행복은, 남의 불행이 나의 행복이 되는 행복은, 진정한 행복이 아닙니다. 환경으로 인해 생긴 질병은 환경을 바꾸어야 치료할 수 있듯이, 잘못된 사회구조에서 생긴 그릇된 행복관은 사회를 바꾸어 치료해야 합니다.

개인의 차원에서도 이기적 행동보다 이타적 행동이 행위자에게 더 큰 만족과 행복감을 준다는 심리학자들의 보고는 매우 잘 알려진 이야기입니다. 남을 돕는 행위는 그 자체로도 좋은 행동이지만 나에게도 큰 기쁨을 줍니다. 내가 남에게 도움이 될 때

나는 스스로를 괜찮은 사람이라고 긍정할 수 있는 자긍심을 갖게 되지요. 여기서 남을 돕는 행위란 자기희생이나 봉사활동이라고 이름 붙일 만한 행동만을 말하는 것이 아닙니다. 우리가 평소에 하는 일들 중에는 자신도 모르게 남을 돕는 행위가 많습니다. 자신이 만든 음식을 먹고 사람들이 맛있다고 좋아할 때 요리사는 즐겁습니다. 그 즐거움의 이유는 단지 돈을 버는 데서 오는 것이 아니라 자신의 요리 행위가 의미 있고 가치 있는 행위임을 확인하기 때문입니다. 마찬가지 이유로 선생님들은 제자가 성장하는 모습에서 기쁨을 느낍니다. 만일 요리사가 음식값을 받을 때만 즐겁다면, 선생님이 월급 때문으로만 수업을 한다면, 이들은 매우 불행한 삶을 사는 것입니다. 우리가 직업을 선택할 때 단지 보수나 사회적 지위만을 고려하면 안 되는 이유가 바로 여기에 있습니다. 물론 직업은 우리의 생계를 보장해주는 경제적 수단이지요. 그러나 그 이유만으로 일한다면 결코 행복할 수 없습니다. 세상의 모든 일은 타인과의 관계 속에서 이루어집니다. 내가 남에게 도움이 되고, 세상에 조금이라도 기여하는 일을 할 때 나의 행복감이 높아지겠지요.

그래서 남이 불행해야 내가 행복한 것이 아니고, 남이 행복해야 나도 행복할 수 있습니다. 좁게는 가정에서부터 아내가 행복해야 남편도 행복하겠지요. (물론 그 반대의 경우도 마찬가지입니다.) 학교에서는 학생이 행복해야 선생님도 행복하며, 마을에서는 이웃이, 직장에서는 동료들이 행복해야 나도 행복합니다. 이렇게 서로 배려하고 협동하는 관계가 넓어져 미래 세대를 배려하는 마음까지, 그리고 자연과 인간의 관계로까지 확대되면 얼마나 좋을까요. 기후위기로 대표되는 오늘날의 환경문제도 인간이 자연을 단지 수단적 대상으로만 보고 자연을 존중하고 배려하지 않은 당연한 결과라고 할 수 있지요. 자연이 행복해야 인간도 행복할 수 있습니다.

돈과
행복

이제 '능동적인 활동'이 우리의 행복에 얼마나 중요한지 봅시다. 자본주의 세상에서 사람들이 가장 큰 가치를 부여하는 것은 아무래도 돈인 듯합니다. 학생들의 학과나 직업 선택을 보면 대체로 돈을 잘 벌 수 있는 학과와 직업이 가장 인기가 있지요. 돈의 중요성을 가볍게 여겨서는 안 되지만 그렇다고 과대평가할 필요는 없습니다. 돈이 없으면 내가 원하는 것을 자유롭게 누릴 수 없다는 점에서 돈은 매우 중요한 수단입니다. 특히 절대적 빈곤의 싱

황에서 돈의 중요성은 그야말로 절대적일 수 있지요. (사실 그래서 우리에게 경제적 여유가 있다면 절대적 빈곤에 처한 사람들을 도와야 할 인간으로서의 의무가 발생합니다. 얼마나 소중한 도움이 되겠습니까.) 그리고 어느 정도까지는 경제적인 풍요가 행복감을 증진하는 경우가 많습니다. 그런 점에서 돈은 중요합니다. 그러나 돈 자체를 목적으로 삼을 때 우리는 자칫 돈의 노예가 되기 쉽습니다. 특히 우리의 주제인 행복을 망가뜨릴 위험이 큽니다. 이를테면 우리의 행복에 가장 큰 영향을 미치는 인간관계보다 돈을 우선시한다면 행복한 삶을 살기 어렵습니다.

인간은
행위하는 자(doer)

우리는 자신이 좋아하는 일에 몰입할 때 즐거움과 행복감을 느낍니다, 그리고 그 일이 타인에게도 도움을 주는 의미 있는 일인 경우에는 더할 나위가 없지요. 자신이 좋아하는 요리에 몰입하고 더 좋은 음식을 개발하기 위해 탐구하는 요리사를 생각해보시면 됩니다. 바로 그런 활동이 능동적인 활동이고 우리를 행복하게 해주는 최고의 활동입니다. 물론 맛있는 음식을 사 먹는 수동적인 활동도 우리를 행복하게 해주지만 능동적인 활동에 비할 수는 없습니다. 그래서 어린 시절부터 우리가 공부하고 탐색해야 할 중요한 과제는 과연 나에게 행복을 가져다주는 능동적인 활동이 무엇인지를 찾는 자기 탐구입니다. 학교가 해야 할 가장 중요한 일도 바로 학생들이 자신을 탐구할 수 있도록 돕는 일입니다. 시험공부가 아닙니다.

인간은 다른 어떤 동물보다 배우기를 좋아하고 또한 잘 배웁니다. 그런데 자신을 행복하게 해주는 능동적인 활동을 열심히 탐색하고 배우고 익히지 않으면, 우리는 대체로 세상이 가르쳐주는 대로 얼른 배웁니다. 시장의 질서를 중심으로 하는 자본주의 세상은 우리를 어떻게 가르칠까요? 간단합니다. 많이 벌어서 마음껏 쓰라는 것이지요. 풍요로운 소비생활이 곧 행복한 삶이라고 가르칩니다. 돈을 많이 벌어서 보다 편리하고 여유 있고 풍요로운 삶을 사는 게 왜 문제냐고 따지는 소리가 들리는 듯합니다.

풍요로운
소비생활

풍요로운 소비생활 자체는 별문제가 없어 보일 수 있습니다. 그러나 그런 삶은 쉽게 주어지지 않을 뿐 아니라, 지속 가능한 삶이 아니라는 게 문제입니다. 돈을 벌기 위한 경쟁에서 승리한 소수의 사람만이 누릴 수 있을 뿐 아니라, 그 경쟁은 끝이 보이지 않습니다. 풍요의 기준은 계속 상승하기 때문입니다. 옛날에는 자가용 자동차만 있어도 풍요로운 생활을 누리는 것처럼 보였지만 이제는 아닙니다. 값싼 승용차는 부끄러워 못 타겠다고, 어서 돈 벌어 고급 승용차를 타고 이 가난에서 벗어나야겠다는 사람들이 많습니다. 풍요의 기준뿐 아니라 편리의 기준도 마찬가지입니다. 예전에는 TV 채널 돌리는(TV로 다가가서 손으로 직접 돌리는) 일을 아무도 불편하게 생각하지 않았습니다. 지금은 리모컨이 없으면 너무너무 불편하지요. 당연히 고급 승용차나 리모컨에서 끝날 일이 아닙니다. 이런 풍요의 추구는 기후 위기로 인류의 삶이 마무리될 때에야 끝날지도 모릅니다. 생산과 소비의 증가는 곧 탄소 배출량의 증가이니 말입니다.

이 풍요의 시대에 맞추어 살기 위해서는 열심히 돈을 벌어야 하고 돈은 점점 더 중요해집니다. 그런데 애석하게도 돈은 한정되어 있고, 부자 되기 경쟁은 제로섬(zero-sum) 게임입니다. 누군가 많이 차지하면 다른 사람의 몫은 줄 수밖에 없습니다. 나의 풍요가 커질수록 타인의 빈곤이 커집니다. 앞서 말했듯이 남의 불행이 나의 행복입니다. 돈벌이 경쟁에 지친 우리를 위로하는 것이, 우리의 행복이, 바로 풍요로운 소비생활입니다. 그러나 그런 생활은 공허하고 무의미한 삶을 채우는 수동적인 활동이며 일시적인 만족감을 줄 뿐입니다. 어쩌면 우리는 활을 들고 사냥하는 유목민보다, 동료와 함께 사냥에 몰입하고 결과를 함께 나누는 그들보다 덜 행복한지도 모릅니다. 적어도 함께 하는 능동적인 활동의 측면에서는 말입니다.

이제 한 심리학자가 전하는 이야기 하나를 소개하면서 글을 마치겠습니다. 십여 년 전 한 심리학자가 자신이 잘 아는 말레이시아의 원주민 마을을 방문했습니다. 그에게 마을 사람들은 마을의 한 발명가가 고안한 정교한 기계를 보여주며 자랑했습니다. 그 기계는 곡식을 도정하는(껍질을 벗기는) 기계인데 이것을 이용하면—심리학자의 계산으로는—온 마을 사람들이 하루 식사에 필요한 곡식을 30분이면 다 처리할 수 있을 만큼 좋은 성능의 기계였답니다. 많은 여자가 힘들게 오랜 시간 절구에 빻아야 할 일을 손쉽게 해결할 획기적인 발명품이지요. 그런데 마을 여자들은 여전히 손으로 곡식을 빻고 있더랍니다. 그 기계는 곱게 모셔놓고 자랑할 때만 보여준답니다. 우리가 보기에는 미치거나 한심한 사람들로 보일 수도 있을 것 같습니다. 그러나 심리학자의 해석은 다릅니다. 여자들은 곡식 빻기를 즐기고 있던 겁니다. 함께 모여 노래하고 웃고 수다를 떨면서 일을 하는 겁니다. 우리라면 그린 상황에서 편리를 거부하고 계속 일을 할 사람이 별로 없겠지요. 그러나 그들은 행복의 원천인 능동적인 활동을, 함께하는 활동을 기계에게 양보할 생각이 없었던 것이겠지요. 만약 그들이 우리처럼 편리한 기계를 이용하여 시간을 절약했다면 보다 여유 있는 삶을 살 수 있지 않을까요? 그랬다면 아마 TV 보는 시간이 많이 늘어났겠지요. 그러면서 점점 우리를 닮아갈 것 같습니다. 제가 이 이야기를 전하는 이유는 우리도 그들처럼 불편을 감수하고 문명의 이기를 거부하자는 것이 아닙니다. 갈수록 편리하고 풍요로운 세상에서 우리는 점점 행복해지고 있는지, 우리가 놓치고 있는 것은 없는지 진지한 성찰이 필요하다는 말입니다.

청소년, 교사, 학부모를 위한 즐거운 공부 시리즈

청소년을 위한 사진 공부
사진을 잘 찍는 법부터 이해하고 감상하는 법까지

홍상표 지음 | 128×188mm | 268쪽 | 13,000원

20여 년을 사진작가로 활동해온 저자가 사진의 탄생, 역사와 의미부터 사진 촬영의 단순 기교를 넘어 사진으로 무엇을, 어떻게 소통할지를 흥미롭고 재미있게 들려주는 책이다.

책따세 겨울방학 추천도서

청소년을 위한 시 쓰기 공부
시를 잘 읽고 쓰는 방법

박일환 지음 | 128×188mm | 232쪽 | 12,000원

시라는 게 무엇이고, 사람들이 왜 시를 쓰고 읽는지, 시와 일상은 서로 어떻게 연결되고 있는지, 실제로 시를 쓸 때 도움이 되는 이론과 방법까지 쉽고 재미있게 풀어내는 책이다.

행복한아침독서 '함께 읽어요' 추천도서

청소년을 위한 철학 공부
열두 가지 키워드로 펼치는 생각의 가지

박정원 지음 | 128×188mm | 252쪽 | 13,000원

시간과 나, 거짓말, 가족, 규칙, 학교, 원더랜드, 추리놀이, 소유와 주인의식, 기억과 망각 등 우리 삶과 떼려야 뗄 수 없는 주제들로 독자들이 흥미롭고 재미있게 철학에 접근할 수 있도록 펴낸 길잡이 책이다.

청소년을 위한 보컬트레이닝 수업
제대로 된 발성부터 나만의 목소리로 노래 부르기까지

차태휘 지음 | 128×188mm | 248쪽 | 13,000원

건강하게 목소리를 사용하고 노래를 잘 부르기 위해 알아야 할 몸의 구조부터 호흡과 발성법, 연습곡의 선별 기준 등등 기본기를 확실히 익힐 수 있는 보컬트레이닝의 세계로 안내하는 책이다.

학교도서관저널 추천도서

청소년을 위한 리걸 마인드 수업
시민력을 기르는 법 이야기

류동훈 지음 | 128×188mm | 200쪽 | 15,000원

법학박사 류동훈 변호사와 함께하는 슬기로운 법 이야기! 헌법, 민법, 형법의 가장 기본적이며 기초적인 내용을 중심으로 자연스레 '리걸 마인드'를 습득할 수 있도록 안내하는 책이다.

학교도서관저널 추천도서

팬픽으로 배우는 웹소설 쓰는 법
청소년을 위한 소설 글쓰기의 기본

차윤미 지음 | 128×188mm | 232쪽 | 12,000원

아이들 팬픽을 소재로 누구나 쉽고 재미있게 소설 글쓰기에 다가갈 수 있도록 구성된 책으로, 내가 왜 글을 쓰는지, 내가 왜 세상의 반응을 궁금해하는지 등을 곰곰이 생각해볼 수 있나.

청소년, 교사, 학부모를 위한 즐거운 공부 시리즈

삶의 무기가 되는 속담 사전
544가지 속담으로 키우는 지식과 지혜

권승호 지음 | 128×188mm | 600쪽 | 22,000원

속담으로 보는 너와 나, 우리, 사회와 세상 이야기! 365일 마음공부 속담 사전! 속담은 나침반이고 보물창고이며 우리를 비추는 거울이다. 인간을 이해하고 우리 사회와 세상을 알아가는 데 도움이 되는 속담들을 엄선해 풀어냈다.

망우리공원 인물열전
대한민국 근현대사를 꿰뚫는 낙이망우 사색의 인문학

정종배 지음 | 153×180mm | 708쪽 | 33,000원

독립지사 등 유명인사들과 서민들, 정치깡패와 친일문제까지 대한민국 근현대사의 보고 망우리공원에 잠든 130여 인물들의 이야기를 오롯이 담아낸 교양 인물 사전이다. 너와 나, 우리를 위해 기억해야 할 역사의 이름들을 만나보자!

그림으로 배우는 지층의 과학
지구 땅속 활동을 속속들이 파헤친다!

모쿠다이 구니야스 글 | 사사오카 미호 그림 | 박제이 옮김
최원석 감수 | 148×210mm | 152쪽 | 15,000원

지층이란 무엇일까? 지층의 줄무늬는 왜 생길까? 지층의 이름은 어떻게 붙일까? 암석과 화석을 통해 알 수 있는 것은? 산이 무너지고 강이 흐르는 원리는? 등등, 흥미진진 신비로운 지층의 세계를 재미있는 그림으로 알기 쉽게 설명하는 책이다.

학교도서관저널 추천도서

체험학습으로 만나는 제주신화
청소년, 교사, 학부모를 위한

여연 글 | 김일영 사진 | 128×188mm | 244쪽 | 15,000원

인간과 자연에 대한 문화적 안목을 길러주는 '가장 생생한 제주 여행' 안내서! 학생들의 체험학습부터 단체 수학여행, 가족과 함께하는 문화기행까지 제주의 산과 바다, 마을 길을 걸으며 창의력과 상상력의 보고 제주신화를 배우고 느낄 수 있게 해준다.

우리 아이 첫 음악 수업
현직 교사들이 알려주는 부모가 알아야 할 음악 교육의 모든 것

이준권, 정지훈 지음 | 142×215mm | 312쪽 | 18,000원

우리 아이 음치 탈출부터 음악 재능을 찾는 법까지, 즐기고 만끽하고 자존감을 높이는 오감만족 음악 공부! 아이와 부모가 행복하게 소통하는 슬기로운 음악 교육의 해법을 진솔하게 안내한다.

학교도서관저널 추천도서

사이언스 조크
과학 덕후들의 신묘한 지적 웃음의 세계

고타니 다로 글 | 문승준 옮김 | 128×188mm | 180쪽 | 15,000원

웃긴 수학자나 물리학자부터 천재 과학자의 엉뚱한 행동, 과학법칙의 기발한 패러디, 웃음을 참을 수 없는 유사과학, 연구와 과세로 신음하는 과학도들의 웃픈 이야기까지, 바야흐로, 과학을 조크로 즐길 때가 되었다!